Udo Kelle · Susann Kluge

Vom Einzelfall zum Typus

Fallvergleich und Fallkontrastierung
in der qualitativen Sozialforschung

2., überarbeitete Auflage

VS VERLAG

Bibliografische Information der Deutschen Nationalbibliothek
Die Deutsche Nationalbibliothek verzeichnet diese Publikation in der
Deutschen Nationalbibliografie; detaillierte bibliografische Daten sind im Internet über
<http://dnb.d-nb.de> abrufbar.

2., überarbeitete Auflage 2010

Alle Rechte vorbehalten
© VS Verlag für Sozialwissenschaften | Springer Fachmedien Wiesbaden GmbH 2010

Lektorat: Frank Engelhardt

Der VS Verlag für Sozialwissenschaften ist eine Marke von Springer Fachmedien.
Springer Fachmedien ist Teil der Fachverlagsgruppe Springer Science+Business Media.
www.vs-verlag.de

Umschlaggestaltung: KünkelLopka Medienentwicklung, Heidelberg
Druck und buchbinderische Verarbeitung: Ten Brink, Meppel
Gedruckt auf säurefreiem und chlorfrei gebleichtem Papier
Printed in the Netherlands

ISBN 978-3-531-14704-8

Inhaltsverzeichnis

Vorwort zur zweiten Auflage

In diese vollständig überarbeitete und erweiterte zweite Auflage sind Erfahrungen eingeflossen aus Workshops, Seminaren, Kooperationen und Beratungsgesprächen mit empirisch forschenden Wissenschaftlerinnen und Wissenschaftlern an Forschungsinstituten und universitären Fachbereichen aus einem weiten Spektrum sozialwissenschaftlicher Fächer. Wir waren oft erstaunt, in wie vielen unterschiedlichen und auch interdisziplinären Kontexten typenbildende Verfahren eine Rolle spielen: in der Schul- und Bildungsforschung, in der Kriminologie, in der Friedens- und Konfliktforschung, in der betriebswirtschaftlichen Organisationsforschung und in der Medienforschung, in arbeits- und pflegewissenschaftlichen Kontexten und in der Evaluationsforschung, um nur einige Beispiele zu nennen.

Solche Kooperationen waren insbesondere auch deshalb hilfreich, weil wir auf einige häufig auftauchende und forschungspraktisch bedeutsame Probleme der Typenbildung aufmerksam wurden, auf die wir in der zweiten Auflage ausführlicher eingehen: So kann die in qualitativen Interviewstudien nahe liegende Tendenz, die Person quasi als natürliche Einheit der Typenbildung zu betrachten und deshalb Personentypologien zu entwickeln, den sozialwissenschaftlichen Forschungsprozess behindern, wenn der Fragestellung entsprechend ein Fokus weniger auf Personen, sondern eher auf sozialen Sachverhalten (Handlungsmuster, Institutionen o.ä.) liegen müsste.

Zudem sind in der qualitativen Forschung mit ihrer Tendenz zur Schulenbildung terminologische Missverständnisse nicht selten: Begriffe wie Kodes, Kategorien, Dimensionen, Variablen und Merkmale werden in der Literatur nicht immer einheitlich verwendet, von manchen Kollegen mit einem spezifisch engen, von anderen mit einem eher weiten Bedeutungsfeld versehen. So bedeuten dieselben Begriffe bei verschiedenen Autoren manchmal Unterschiedliches, manchmal werden aber auch verschiedene Begriffe für dieselbe Sache verwendet. Um solche Missverständnisse auszuräumen oder gar nicht erst entstehen zu lassen, haben wir im fünften Kapitel eine ausführliche Klärung der Begriffe „Kategorie", „Dimension" und „Merkmal" eingefügt.

Ansonsten haben wir in der Neuauflage die empirischen Beispiele aus der Arbeit des Sonderforschungsbereichs 186, die sich als didaktisch hilfreich erwiesen haben, beibehalten, haben aber auch neuere empirische Arbeiten, die mit typenbildenden Verfahren arbeiten, einbezogen und gehen auf kritische Reaktionen auf unseren Ansatz ein.

Nachdem die erste Auflage dieses Bandes gute Aufnahme und viel Interesse gefunden hat, ist in der Literatur des Öfteren von „Typenbildung nach Kelle und Kluge" die Rede, eine Tatsache, die wir mit gemischten Gefühlen betrachten. Natürlich sind wir als Methodiker einerseits erfreut, wenn unsere Konzepte rezipiert und in der Forschungspraxis genutzt werden. Andererseits möchten wir gern alles dazu tun, dass die vorhandene Parzellierung der qualitativen Forschungstradition in voneinander abgegrenzte Schulen vermindert wird, denn eine solche Zersplitterung tut erfahrungsgemäß keinem Fach gut. Unsere Intention ist es dementsprechend nach wie vor nicht, eine neue qualitative Methode zu entwickeln, wir möchten vielmehr die vielen verschiedenen Methoden und Modelle der Typenbildung, die im Kontext unterschiedlicher qualitativer Ansätze verwendet werden können, einen expliziten methodologischen Rahmen geben, der den Prozess der Typenbildung mit qualitativen Daten transparent und verständlich macht und Forscherinnen und Forschern, die nicht viel Zeit in Debatten um methodologische Spezialprobleme investieren können, als ein hilfreiches Werkzeug dienen kann.

Bremen, im März 2010 Udo Kelle, Susann Kluge

219/2011

Vorwort

Methodendiskussionen werden oft weit entfernt von der Forschungspraxis geführt, wobei Probleme erörtert werden, die niemanden wirklich interessieren, und methodische Regeln am grünen Tisch entworfen werden. die niemand befolgen kann. Aus eigener Erfahrung wissen wir, dass sozialwissenschaftliche Methodiker nicht selten der Versuchung ausgesetzt sind, sich von den methodischen Problemen der empirischen Forschungspraxis in die Welt formalen Modellbaus und anderer (Glasperlen)spiele zurückzuziehen. Einer solchen Versuchung lässt sich allein dann wirkungsvoll begegnen, wenn Methodendiskussion. Methodenentwicklung und empirische Forschungstätigkeit Hand in Hand gehen. Wir sind deshalb sehr dankbar, dass uns der Sonderforschungsbereich 186 „Statuspassagen und Risikolagen im Lebensverlauf" in Bremen viele Jahre lang nicht nur einen institutionellen Rahmen für Methodenforschung bot, sondern uns beiden auch die Gelegenheit gab, uns in die Arbeit von empirischen Forschungsprojekten auf teilweise weit auseinander liegenden Feldern der Soziologie einzubinden. Dieses Spektrum an Arbeitsfeldern und Problemstellungen konnte seit Ende 1997 noch einmal wesentlich erweitert werden durch die interdisziplinäre Zusammenarbeit von Udo Kelle mit Kolleginnen und Kollegen am Institut für Interdisziplinäre Gerontologie der Hochschule Vechta.

Eine problemorientierte Entwicklung und Erprobung von methodischen Konzepten erfordert einerseits die Gelegenheit zu intensiver Methodendiskussion und andererseits die ständige Auseinandersetzung mit den Erfordernissen der Forschungspraxis. Wir hatten das große Glück, diese Diskussion und Auseinandersetzung mit Kolleginnen und Kollegen führen zu können, die unsere Arbeit mit großem Interesse, Engagement und auch der notwendigen Kritik begleitet und unterstützt haben. Stellvertretend für die vielen, denen wir für ihr Interesse und ihre Diskussionsbereitschaft Dank schulden, seien hier Gerald Prein, Christian Erzberger, Lydia Seus, Peter Kupka, Andreas Witzel, Walter Heinz, Karl Schumann und Helga Krüger genannt.

Ihre Diskussionsbeiträge haben uns immer wieder vor Fallen bewahrt – nicht zuletzt vor der trügerischen Gewissheit, die oft den Beginn von Schulenbildung und dogmatischer Erstarrung markiert, der Gewissheit nämlich, die methodologischen Probleme der empirischen Sozialforschung grundsätzlich gelöst zu haben.

Bremen, im Februar 1999   Udo Kelle, Susann Kluge

Einleitung

Hinter dem Begriff „qualitative Sozialforschung" verbirgt sich nicht eine einzelne und klar definierte Methode der Erhebung und Auswertung sozialwissenschaftlicher Daten; die qualitative Tradition der empirischen Sozialforschung ist eher das, was im Englischen als eine *broad church* bezeichnet wird, unter deren Dach sich eine große Zahl unterschiedlicher Ansätze zusammenfinden, die sich auf verschiedene philosophische Wurzeln berufen können und sich auf teilweise differierende Konzepte sozialer Strukturen und sozialer Prozesse berufen. Als Konsequenz unterscheiden sich Schulen und Modelle qualitativer Forschung oft nicht nur in ihren Verfahren und Techniken der Datensammlung und -analyse, sondern auch hinsichtlich ihrer Ansprüche an die Verallgemeinerbarkeit der Forschungsergebnisse – das Spektrum reicht dabei von der detailgenauen Deskription und *„dichten Beschreibung"* (GEERTZ 1983) fremder Sozialmilieus und sozialer Mikroprozesse über die Formulierung *„empirisch begründeter Theorien"* mittlerer Reichweite (GLASER, STRAUSS 1967/1998, S. 85 ff. bis hin zur Entdeckung universell gültiger sozialer Regeln und *„latenter Sinnstrukturen"* (OEVERMANN, ALLERT, KONAU, KRAMBECK 1979). Aber unabhängig davon, ob das Ziel eher in der Beschreibung oder dem Verstehen sozialer Prozesse in begrenzten Handlungsfeldern gesehen wird oder aber in der Formulierung allgemein gültiger Theorien über soziale Gesetzmäßigkeiten, spielen Verfahren des Fallvergleichs, der Fallkontrastierung und der Typenbildung überall in der qualitativen Forschung eine bedeutsame Rolle. Typenbildende Verfahren sind in allen Natur- und Geisteswissenschaften unverzichtbar, wenn das Ziel empirischer Forschung nicht in einer Testung von vorab formulierten Aussagen besteht, sondern in der Entdeckung, Beschreibung und Systematisierung von Beobachtungen im Feld – und eben darin besteht der kleinste methodologische Nenner qualitativer Ansätze: im Gegensatz zu dem hypothesenprüfenden Verfahren experimenteller und quantitativer sozialwissenschaftlicher Forschung: Es ist stets ein unverzichtbarer Bestandteil qualitativer Datenauswertungen, systematisch Strukturen in dem im Feld gesammelten, in der Regel nur wenig vorstrukturierten Material zu identifizieren. Typenbildenden Verfahren kommen dabei sowohl *deskriptive* als auch *hypothesengenerierende* Funktionen zu. Zunächst helfen sie bei der *Beschreibung* sozialer Realität durch Strukturierung und Informationsreduktion. Die Einteilung eines Gegenstandsbereichs in wenige Gruppen oder Typen erhöht dessen Übersichtlichkeit, wobei sowohl die Breite und Vielfalt des Bereichs dargestellt als auch charakteristische Züge, eben das „Typische" von Teilbereichen hervorgehoben wird. Durch die Bildung von Typen und Typologien kann deshalb eine komplexe soziale Realität auf eine beschränkte Anzahl von Gruppen bzw. Begriffen reduziert werden, um sie greifbar, und damit begreifbar zu machen. Durch die (vorrangig deskriptive) Gruppierung seiner Elemente wird ein Untersuchungsbereich überschaubarer und komplexe Zusammenhänge werden verständlich und darstellbar. Diese inhaltlichen Zusammenhänge können dann mit Hilfe allgemeiner Hypothesen erklärt werden, so dass Typologien auch als *„Heuristiken der Theoriebildung"* dienen können: Indem sie die zentralen Ähnlichkeiten und Unterschiede im Datenmaterial deutlich machen, regen sie die Formulierung von Hypothesen über allgemeine kausale Beziehungen und Sinnzusammenhänge an. Typologien können also nicht nur die Strukturierung eines Untersuchungsbereichs ermöglichen, sondern auch die Generierung von Hypothesen und die (Weiter-)Entwicklung von Theorien in vielfältiger Weise unterstützen.

Der Vergleich und die Kontrastierung von Fällen ist dabei eine *notwendige* Voraussetzung, um zu einer validen und methodisch kontrollierten Beschreibung und Erklärung sozialer Strukturen zu gelangen. Zwar sind Strukturen, welche das soziale Handeln beeinflussen, auch im Einzelfall sichtbar und rekonstruierbar – eine strikt einzelfallorientierte Methodologie jedoch, die auf Fallvergleich und Fallkontrastierung verzichtet, ließe sich nur durch sehr rigide theoretische Annahmen rechtfertigen. Nur dann, wenn der Forscher oder die Forscherin davon ausgehen würde, dass der Einzelfall in *allen Aspekten* und *vollständig* strukturell determiniert sei, könnte er oder sie sich nämlich sicher sein, dass alle am Einzelfall entdeckten Merkmale und Phänomene theoretisch auch relevant sind. Wird diese ungemein starke Annahme nur in Teilbereichen relativiert (etwa indem in der entsprechenden Theorie die Möglichkeit von „zufälligen Einflüssen", „Handlungsspielräumen" usw. zugelassen wird), so müsste sich eine ausschließlich am Einzelfall orientierte Methodologie sofort in einem *„Zirkel des Verstehens"* (STEGMÜLLER 1975) verfangen: Denn dann bestünde die einzige Möglichkeit, zwischen den *strukturellen* und *zufälligen* Aspekten eines Falles zu unterscheiden, nur darin, die Geltung bestimmter Strukturgesetze bereits vor der Datenerhebung als gültig anzunehmen. Die Analyse des Einzelfalls könnte dann nur noch dazu dienen, die eigenen Vorannahmen über strukturelle Einflüsse anhand von Beispielen darzustellen. Ein solches „subsumptionslogisches" Vorgehen wäre zur Entdeckung sozialer Phänomene ungeeignet und eine wesentliche Stärke qualitativer Methoden, ihre hypothesengenerierende, heuristische und explorative Funktion, damit außer Kraft gesetzt.

Ein systematischer Vergleich bzw. eine systematische Kontrastierung von Fällen ist also nicht nur bei der deskriptiven Gliederung eines Untersuchungsfeldes hilfreich; ein solches Vorgehen ist dann geradezu unverzichtbar, wenn das Ziel der Forschungsbemühungen in der Beschreibung, Analyse und Erklärung sozialer Strukturen besteht. Die Bedeutung eines systematischen Fallvergleichs in der qualitativen Sozialforschung wird dementsprechend häufig in der Literatur betont (vgl. etwa BECKER 1950/1968, S. 109, 217; GERHARDT 1986, S. 87 ff; 1991a, S. 438; KUCKARTZ 2007; BOHNSACK 2007a, b; BOHNSACK, NENTWIG-GESEMANN 2003; OECHSLE u.a. 2008; BECKER 2008). Fallkontrastierende Schritte bilden auch die Grundlage der von Barney GLASER und Anselm STRAUSS entwickelten Methodologie der „Grounded Theory" (GLASER, STRAUSS 1967/1998; GLASER 1978; STRAUSS 1991; STRAUSS, CORBIN 1990/1996; GLASER 1992). Und selbst solche qualitativen Ansätze, die sehr starke Annahmen über die Existenz universell gültiger sozialer Strukturen treffen (bspw. OEVERMANN u.a. 1979) und deshalb davon ausgehen, dass die Analyse von Einzelfällen ausreichend für die Aufdeckung allgemeiner „latenter Sinnstrukturen" ist, benötigen vergleichende Arbeitsschritte in der Form einer kontrastierenden Bedeutungsexegese – zwar nicht für einen Vergleich zwischen verschiedenen Fällen, wohl aber für Vergleiche innerhalb eines Falles. Die methodologische Bedeutung von Fallvergleich und Fallkontrastierung wird in der Literatur also häufig betont, nachvollziehbare Darstellungen des methodischen Vorgehens bei der Fallkontrastierung, dem Fallvergleich und der Typenbildung sind jedoch nach wie vor rar. Allgemeine Hand- und Lehrbücher gehen nicht immer sehr ausführlich auf die Methodologie von Fallvergleich, Fallkontrastierung und Typenbildung ein (vgl. etwa FLICK, VON KARDORFF, STEINKE 2008, S. 382 f.; FLICK 2007, S. 523 f., ausführlicher aber LAMNEK 2005, S. 230 ff.; MAYRING 1990, S. 84 f; MAYRING 1996, S. 105 ff.). Grundlagenarbeiten zur Methodologie des Fallvergleichs wurden aber schon im Kontext der „Grounded Theory" (GLASER, STRAUSS 1967/1998; STRAUSS, CORBIN 1990/1996) in den 1960er Jahren vorgelegt und in neueren Publikationen zu Grounded Theory weiter ausgearbeitet. In den 1980er Jahren begann Uta GERHARDT anlässlich ihrer qualitativen empirischen Studie über *Patientenkarrieren* von chronisch Nierenkranken (GERHARDT 1984, 1986, 1991a, 1991b) eine sehr sorgfältige theoretische Einordnung fallvergleichender und typenbildender Ansätze in das „Weber-paradigma", die sie dann zu allgemeinen theoretischen Arbeiten über die Rolle von Idealtypen in der Soziologie weiter entwickelte (GERHARDT 1999, 2001). Und seit den späten 1980er Jahren hat sich Udo KUCKARTZ (1995, 2007) mit Verfahren des Fallvergleichs und der Typenbildung im Rahmen von Techniken computergestützter Verwaltung und Strukturierung qualitativer Daten befasst. Schließlich haben in jüngerer Zeit Ralf BOHNSACK und Iris NENTWIG-GESEMANN eigene Verfahrensvorschläge zur Typenbildung als Teil der von BOHNSACK entwickelten „dokumentarischen Methode" vorgeschlagen (vgl. BOHNSACK 2007a,b; BOHNSACK, NENTWIG-GESEMANN 2003; NENTWIG-GESEMANN 2007). Trotzdem wird dem Fallvergleich und der Typenbildung in der methodologischen Diskussion über qualitative Sozialforschung immer noch nicht der Platz eingeräumt, der notwendig wäre, da Fallvergleich und Fallkontrastierung in nahezu allen Phasen des qualitativen Forschungsprozesses – beim *„qualitativen Sampling"*, d.h. bei der Auswahl von Fällen für eine qualitative empirische Studie ebenso wie bei der Analyse des Datenmaterials – zum Tragen kommen.

In der vorliegenden Arbeit werden wir unter methodologischen *und* forschungspraktischen Gesichtspunkten ein Spektrum von Verfahren vorstellen und diskutieren, welche dazu dienen, Ähnlichkeiten und Unterschiede im Datenmaterial sowohl auf Einzelfallebene als auch fallübergreifend zu identifizieren. Es geht um Techniken und Methoden, die dem Forscher oder der Forscherin helfen, (möglichst) ähnliche Fälle zu Gruppen zusammenzufassen und von (möglichst) differenten Fällen zu trennen. Nun können aber Fälle unter einer (unendlichen) Vielzahl von Perspektiven verglichen werden, verschiedene Perspektiven führen dabei jeweils zu unterschiedlichen Gruppierungen und Typologien (vgl. auch GERHARDT 1991b, S. 36). Unser besonderes Augenmerk gilt deshalb in den folgenden Kapiteln immer wieder jenen *„Vergleichsdimensionen"* bzw. *„Kategorien"*, die eine Kontrastierung bzw. einen Vergleich überhaupt erst ermöglichen, jenen Begriffen also, die, wie WEBER es formuliert *„Ordnung in das Chaos derjenigen Tatsachen (...) bringen, welche wir in den Kreis unseres* Interesses *jeweils einbezogen haben"* (WEBER 1904/1988, S. 207). Eine Formulierung von zentralen Konzepten *vor der empirischen Datenerhebung* widerspricht jedoch, zumindest vordergründig, der explorativen und heuristischen Funktion qualitativer Methoden – deren Stärke besteht für viele SozialforscherInnen ja gerade darin, dass Relevanzsetzungen der Befragten nicht von vorgängigen Forscherhypothesen überblendet werden (KELLE 1998, S. 29 ff.). Diese Betonung der heuristischen Funktion qualitativer Forschung hat, vor allem im Anschluss an GLASER und STRAUSS zu einem *induktivistischen Selbstmissverständnis der qualitativen Methodenlehre* geführt. Diesem Missverständnis zufolge *emergieren* zentrale Kategorien und Konzepte quasi von selber aus dem Datenmaterial, wenn der Forscher oder die Forscherin möglichst voraussetzungslos an ihr empirisches Untersuchungsfeld herangehen. In Abgrenzung zu dieser naiv empiristischen Sichtweise werden im *ersten Kapitel* die logischen Grundlagen für die datenbegründete Konstruktion von Kategorien, Typologien und Theorien dargestellt. Hierbei orientieren wir uns an dem von Charles Sanders PEIRCE entwickelten Modell der „Abduktion" bzw. *hypothetischen Schlussfolgerung*. Dieses Modell rekonstruiert die empirisch begründete Generierung von Konzepten und theoretischen Annahmen als einen Prozess, bei welchem theoretisches Vorwissen mit empirischen Beobachtungswissen sowohl kreativ als auch methodisch kontrolliert verknüpft werden kann.

Nachdem im ersten Kapitel auf die Logik empirisch begründeter Kategorienbildung (zwischen Induktion, Deduktion und Abduktion) eingegangen wurde, wird im *zweiten Kapitel* die Rolle theoretischen Vorwissens erörtert. Dessen zentrale Funktion im qualitativen Forschungsprozess besteht weniger darin, dem Forscher oder der Forscherin die Formulierung präziser Hypothesen zu ermöglichen, sondern vielmehr darin, ihn oder sie für relevante Aspekte des Datenmaterials „theoretisch zu sensibilisieren". Wir werden verschiedene Formen des Vorwissens anhand der Merkmale *„Explikation"*, *„Herkunft"*, *„Theoretisierung"* und *„empirischer Gehalt"* vorstellen und die Bedeutung empirisch gehaltloser, heuristischer Rahmenkonzepte für die Analyse qualitativer Daten verdeutlichen.

Während die ersten beiden Kapitel der Diskussion forschungslogischer und methodologischer Grundlagen dienen, werden in den Kapiteln 3 bis 5 Methoden und Techniken des Fallvergleichs und der Fallkontrastierung anhand von zahlreichen Beispielen aus der Forschungspraxis ausführlich dargestellt: Das *dritte Kapitel* ist den Kriterien und Strategien für die qualitative Fallauswahl gewidmet. Ausführlich wird dabei das Grundprinzip des qualitativen Sampling – die *kriteriengeleitete Stichprobenziehung* mit dem Ziel der Erfassung von Heterogenität im Untersuchungsfeld – diskutiert. Hierbei werden drei grundlegende qualitative Samplingstrategien anhand von Beispielen dargestellt. Bei der *Suche nach Gegenbeispielen* und dem *theoretischen Sampling* werden die Kriterien für die Fallauswahl sukzessive während der Datenanalyse (nach Maßgabe der bislang entwickelten Kategorien und Hypothesen) entwickelt. Datenanalyse und Datenerhebung gehen bei diesen zwei Samplingstrategien also Hand in Hand. Verfügt der Forscher oder die Forscherin bereits vor der Datenerhebung über Vorwissen über relevante strukturelle Einflussgrößen im untersuchten Handlungsfeld, so kann ein drittes Samplingverfahren, die Konstruktion *qualitativer Stichprobenpläne,* zum Einsatz kommen.

Im *vierten Kapitel* werden Techniken zur fallübergreifenden Analyse qualitativer Daten erläutert. Hierbei geht es um die Entwicklung von Kategorienschemata und um deren Einsatz für eine Strukturierung und vergleichende (*„synoptische"*) Analyse des Datenmaterials. Die Funktion unterschiedlicher Kategorienarten (*„abstrakte soziologische Konzepte"*, *„Alltagskonzepte"*, *„empirisch gehaltvolle Konzepte"*) und ihre Funktion im Auswertungsprozess wird diskutiert, und es wird erläutert, wie ein Kategorienschema auf der Basis empirischen Datenmaterials „dimensionalisiert" und modifiziert werden kann.

Die fallvergleichende und fallkontrastierende Analyse mündet in vielen Fällen in der Entwicklung von empirisch begründeten Typologien. Im *fünften Kapitel* wird dieser Prozess der Typenbildung anhand von Beispielen aus der

Forschungspraxis detailliert beschrieben. Hierzu werden noch einmal ausführlich jene Begriffe, die in den verschiedenen Modellen qualitativer Fallkontrastierung und Typenbildung verwendet werden, systematisch erläutert und aufeinander bezogen, und Missverständnisse, die sich durch einen inadäquaten Gebrauch dieser Terminologie ergeben können, diskutiert. Wir werden eine einfache Darstellungsform erläutern, mit deren Hilfe der Prozess der Typenbildung transparent gehalten werden kann, nämlich der bereits von BARTON und LAZARSFELD verwendete Begriff des „Merkmalsraums". Danach werden wir zeigen, wie eine Konstruktion von Typen von der Erarbeitung relevanter Vergleichsdimensionen über die Gruppierung und Suche nach empirischen Regelmäßigkeiten bis hin zur Identifikation und Erklärung inhaltlicher Sinnzusammenhänge verlaufen kann.

Die Zusammenfassung im *sechsten Kapitel* enthält grundlegende methodologische Regeln für Fallvergleich, Fallkontrastierung und Typenbildung. Der eilige Leser und die eilige Leserin finden hier Verweise auf die vorangegangenen Kapitel, an denen sie sich orientieren können, wenn sie selektiv das für ihre eigene Forschungsarbeit relevante Material aus einzelnen Kapiteln oder Abschnitten heraussuchen möchten.

Kapitel 1
Forschungslogische Grundlagen I:
Induktion, Hypothese und Abduktion

1.1 Von empirischem Material zu theoretischen Kategorien

Allgemeine Lehrbücher zur empirischen Sozialforschung, die in der Regel ein Schwergewicht auf quantitative Forschungsmethoden legen und qualitative Verfahren entweder gar nicht oder nur am Rande behandeln (wie bspw. ATTESLANDER 2006; DIEKMANN 2007; FRIEDRICHS 1990; HÄDER 2006; KROMREY 2009; ROTH 1999; SCHNELL, HILL, ESSER 2005), entwerfen i.a. ein Modell des Forschungsprozesses, bei dem am Anfang die Hypothesenbildung stehen soll (vgl. etwa ATTESLANDER 2006, S. 18 ff.; DIEKMANN 2007, S. 187 ff. oder SCHNELL, HILL, ESSER 2005, S. 7 ff.). Hypothesenkonstruktion und Theoriebildung erfordern dabei vor allem theoretische Phantasie, die Fähigkeit zu *kühnen Spekulation*en (ROTH 1987, S. 87) und die Anwendung logisch-mathematischer Kalküle (OPP 2005, S. 170 ff.). Methodisch kontrollierte Forschungsarbeit, deren Sinn vor allem in der Überprüfung vorab formulierter Theorien besteht, erfordere dabei, dass der Forscher oder die Forscherin vor der Sammlung empirischer Daten elaborierte Untersuchungsinstrumente konstruiert (etwa Fragebögen oder Kategoriensysteme zur Verhaltensbeobachtung), mit deren Hilfe die zu Beginn formulierten theoretischen Konzepte dann operationalisiert werden.

Soziologisch begründete Kritik an diesem „hypothetiko-deduktiven" Modell des sozialwissenschaftlichen Forschungsprozesses wurde erstmals in den sechziger Jahren von VertreterInnen des *„interpretativen Paradigmas"* (WILSON 1981) formuliert: Wenn die Forschungstätigkeit mit der Operationalisierung formaler Theorien beginnt, sei die Gefahr groß, dass die Sinn- und Bedeutungsstrukturen, mit denen die Akteure ihre soziale Alltagswelt kognitiv strukturieren, durch die Relevanzsetzungen der ForscherInnen überblendet werden. Und gerade unter den Bedingungen raschen sozialen Wandels, also insbesondere in modernen Gesellschaften gerät eine „variablensoziologische" Umfrageforschung rasch an Grenzen, was auch Sozialwissenschaftler einräumen, die das hypothetiko-deduktiven Modell ansonsten favorisieren (vgl. etwa ESSER 1989a, 1989b). Zahlreiche theoretische Konzepte lassen sich nämlich in der Regel nicht operationalisieren ohne eingehende Kenntnisse über die in bestimmten sozialkulturellen Milieus geltenden Deutungsmuster und Handlungsorientierungen. In einer Gesellschaft, in der soziale Milieus relativ stabil und nur wenig differenziert sind, gehören solche Kenntnisse zum festen Bestandteil des Alltagswissens von ForscherInnen. Die Verwendung solchen Alltagswissens bildet in diesem Fall eine selten reflektierte *Gewohnheitsheuristik* bei der Formulierung von Hypothesen und der Konstruktion von Erhebungsinstrumenten (vgl. KELLE, LÜDEMANN 1995, 1996; KELLE 2008a, S. 103). Diese Gewohnheitsheuristik wird dann problematisch, wenn soziale Lebensformen, die den Akteuren relativ stabile Deutungsmuster und Handlungsorientierungen vorgeben, sich verändern oder auflösen, um neuen Lebensformen Platz zu machen. Dies ist, folgt man der seit den 1980er Jahren in der deutschen Soziologie diskutierten These eines *Individualisierungsschubes* (vgl. BECK 1983; FRIEDRICHS 1998) in der Bundesrepublik der letzten Jahrzehnte verstärkt der Fall. Die Individualisierungsthese wird kontrovers diskutiert (BURKART 1993; BECK, BECK-GERNSHEIM 1993; FRIEDRICHS 1998) – aber auch, wenn man deren umfassende Geltung bezweifelt, bleibt das grundlegende Problem der Gewohnheitsheuristik des Alltagswissens bestehen: Ihre Anwendung versagt überall dort, wo die ForscherInnen nicht über genügend Wissen über typische Deutungsmuster und Handlungsorientierungen der Akteure verfügen. Dies ist immer dort der Fall, wo fremde Kulturen oder Subkulturen innerhalb der eigenen Gesellschaft untersucht werden, wobei es sich bei „Subkulturen" um Gruppen handeln kann, die „nur" einer *anderen sozialen Schicht* angehören, in einem *anderen Stadtteil* wohnen, die eine *andere Bildung* besitzen, die dem *anderen Geschlecht* angehören, einen *anderen Beruf* ausüben, einer *anderen Altersgruppe* angehören, in *anderen familiären Konstellationen* leben oder einen anderen *weltanschaulichen oder religiösen Hintergrund* besitzen als der Forscher oder die Forscherin. Um bei der Formulierung von Hypothesen und der Konstruktion von Erhebungsinstrumenten nicht „ins Leere zu greifen" sind auch oft quantitative ForscherInnen auf (möglicherweise sehr umfangreiche) systematische explorative und qualitative Vorstudien angewiesen.

Um die Wissensbestände und Deutungsmuster der Akteure zu rekonstruieren, können sich ForscherInnen, anders als es viele quantitative Methodenlehrbücher empfehlen, dem empirischen Feld nicht mit solchen präzis operationalisierten Hypothesen nähern, die durch eine Konfrontation mit Daten empirisch geprüft und ggf. falsifiziert werden können. Am Anfang eines qualitativen Forschungsprozesses steht vielmehr die Erhebung relativ unstrukturierten verbalen Datenmaterials in Form von Feldprotokollen oder Interviewtranskripten. Anhand diesen Materials werden dann Schritt für Schritt jene Sinnstrukturen rekonstruiert, die die untersuchte soziale Lebenswelt (mit)konstituieren.

Während manche qualitativ arbeitenden ForscherInnen, vor allem solche aus ethnographischer Tradition, bei beschreibenden Konzepten und Kategorien stehen bleiben, ist es das erklärte Ziel anderer Ansätze, soziale Regelmäßigkeiten und Zusammenhänge als Ausdruck von gesellschaftlichen Tiefenstrukturen oder „sozialen Gesetzmäßigkeiten" zu verstehen und zu erklären. Unabhängig davon, ob das Ziel qualitativer Analyse eher in der Formulierung *„dichter Beschreibungen"* (GEERTZ 1983) oder aber in der Konstruktion *„empirisch begründeter Theorien"* (GLASER, STRAUSS 1967/1998; KELLE 1997) gesehen wird – in beiden Fällen geht es um die Entwicklung von *Begriffen, Konzepten* und *Kategorien* aus dem oder anhand des qualitativen Datenmaterials. Diese Kategorien können eine rein deskriptive Funktion besitzen: Sie können etwa eine Ordnung und Strukturierung des Untersuchungsbereichs durch eine Einteilung in wenige Gruppen bzw. „Typen" (vgl. Kapitel 5) ermöglichen und dadurch die Informationsfülle eines komplexen Gegenstandes zu reduzieren helfen. Die anhand des Datenmaterials entwickelten Kategorien können aber auch ein hohes theoretisches Abstraktionsniveau besitzen.

Oft wird der Vorgang, bei dem deskriptive oder theoretische Kategorien anhand empirischen Datenmaterials entwickelt werden, unzulässigerweise als ein „induktiver" Prozess verstanden. Im Folgenden wollen wir uns als erstes mit den Problemen dieser Sichtweise auseinandersetzen und anschließend mit Hilfe des Peirce'schen Konzepts der „Abduktion" ein adäquateres Konzept des qualitativen Forschungsprozesses darstellen.

1.2 Das induktivistische Selbstmissverständnis

Dem induktivistischen Verständnis zufolge soll der qualitative Forscher oder die qualitative Forscherin sich möglichst „unvoreingenommen" der empirischen Realität nähern. Theoretisches Vorwissen sei für eine solche unvoreingenommene Erfassung der Realität nicht nur nicht notwendig, sondern sogar hinderlich, weil es die UntersucherInnen mit Vorurteilen belaste und sie dazu verleite, eigene Konzepte dem Datenmaterial aufzuzwingen.

Eine solche Sichtweise kann sich (zumindest teilweise) auf ein Grundlagenwerk qualitativer Methodologie stützen, nämlich auf die Monographie *„The Discovery of Grounded Theory"*, mit der BARNEY GLASER und ANSELM STRAUSS erstmals versucht hatten, die Methodik der Entdeckung empirisch begründeter Theorien zu begründen und zu explizieren (GLASER, STRAUSS 1967/1998). Theoretische Konzepte sollen, so der in diesem Buch oftmals wiederholte Ratschlag, den Daten vom Untersucher nicht aufgezwängt werden, sondern aus ihnen *„emergieren"*. Der Forscher müsse sich vor allem hüten, diesen Vorgang durch sein eigenes theoretisches Vorwissen zu behindern und damit die entstehende Theorie zu verfälschen. Daraus folgt für GLASER und STRAUSS:

„Es ist eine wirksame und sinnvolle Strategie, die Literatur über Theorie und Tatbestände des untersuchten Feldes zunächst buchstäblich zu ignorieren, um sicherzustellen, daß das Hervortreten von Kategorien nicht durch eher anderen Fragen angemessene Konzepte kontaminiert wird. Ähnlichkeiten und Konvergenzen mit der Literatur können später, nachdem der analytische Kern von Kategorien aufgetaucht ist, immer noch festgestellt werden." (GLASER, STRAUSS 1967/1998, S. 47)

Solche Überlegungen entsprechen einem Modell des Forschungsprozesses, welches vorzugsweise von empiristischen Philosophen des 17. und beginnenden 18. Jahrhunderts wie JOHN LOCKE oder FRANCIS BACON vertreten wurde. Demzufolge sollen Forscher unbelastet von theoretischen Vorüberlegungen an die Untersuchung empirischer Sachverhalte herangehen, um sicherzustellen, dass sie die Realität wahrnehmen, so wie sie „tatsächlich" ist – ein *tabula rasa* Konzept menschlicher Erkenntnis, das in der modernen Erkenntnistheorie und Wissenschaftsphilosophie allenfalls ironische Kommentare provoziert, wie jener des Wissenschaftsphilosophen IMRE LAKATOS, ein solches Konzept verlange eine *„besondere Psychotherapie (...) mit deren Hilfe (...) (der) Geist auf den Empfang der Gnade bewiesener Wahrheit durch mystische Kommunion"* vorbereitet werden solle (LAKATOS 1982, S. 14).

Die Unbrauchbarkeit solcher „naiv empiristischer" Modelle des Forschungsprozesses kann seit KANT als erwiesen gelten, und es gehört zu den wenigen theoretischen Aussagen, in der fast alle modernen wissenschaftsphilosophischen Schulen übereinstimmen, dass es *„keine Wahrnehmung geben (kann), die nicht von Erwartungen durchsetzt ist, und deshalb (...) es auch keine natürliche (d.h. psychologische) Abgrenzung zwischen Beobachtungssätzen und theoretischen Sätzen"* gibt (ebd.).

Die Undurchführbarkeit einer induktivistischen Forschungsstrategie läßt sich aber nicht nur mit erkenntnistheoretischen Argumenten, sondern auch in der Forschungspraxis feststellen. Insbesondere Neulinge in der qualitativen Sozialforschung haben allergrößte Schwierigkeiten, Empfehlungen in der Art von *„lasse theoretische Konzepte aus deinem Datenmaterial emergieren"* zu folgen. Der Versuch, sich den Daten möglichst ohne theoretische Vorannahmen zu nähern, führt für sie eher dazu, über Monate in den Daten regelrecht zu ertrinken (ein gutes Beispiel hierzu aus der Forschungspraxis findet sich bei KELLE, MARX, PENGEL, UHLHORN, WITT 2003).

Nun sind aber selbst GLASER und STRAUSS *in der Forschungspraxis* ihren eigenen Empfehlungen nicht gefolgt; denn sie schreiben im Anhang zur Veröffentlichung jener empirischen Studie, die die Grundlage des 1967 erschienenen „*Discovery*-Buches" bildete:

„Zunächst möchten wir erklären, daß unser Konzept des ‚Bewußtseinskontextes' durch persönliche Erfahrungen beider Autoren vorgezeichnet war. (...) Kurz nachdem sich Strauss und Glaser zusammengetan hatten, arbeiteten sie systematisch die Konzepte (und Typen) von Todeserwartungen und Bewußtseins-Kontexten sowie das Paradigma für die

Untersuchung der Bewußtseinskontexte aus. *So wurde die Erhebung der präliminaren Daten bereits von den Vorstellungen der Todeserwartungen und Bewußtheit beeinflußt."* (GLASER, STRAUSS 1974, S. 264)

Auch GLASER und STRAUSS waren sich offenbar der Probleme, die sich mit einer induktivistischen Sichtweise verbinden, bewusst. Denn in einer Fußnote des *Discovery*-Buches räumen sie ein:

„Selbstverständlich nähert sich der Forscher der Realität nicht als einer tabuala rasa. Er muß eine Perspektive besitzen, die ihm die relevanten Daten (wenn auch noch unscharf) und die signifikanten Kategorien aus seiner Prüfung der Daten zu abstrahieren erlaubt." (GLASER, STRAUSS 1967/1998, S. 13, Fn. 3)

Eine solche „Perspektive", die dem Forscher hilft, „relevante Daten" und „signifikante Theorien" zu „sehen", bezeichnen die Autoren an anderer Stelle als *„theoretische Sensibilität"*. Theoretische Sensibilität stellt gewissermaßen die Fähigkeit des Forschers dar, über empirisch gegebenes Material *in theoretischen Begriffen* zu reflektieren. Theoretische Sensibilität erlaubt *„es dem Soziologen, sich allmählich ein Instrumentarium von Kategorien und (materialen wie formalen) Hypothesen zurechtzulegen. Das ihm bereits zur Verfügung stehende theoretische Werkzeug hilft ihm dabei, die Angemessenheit und Relevanz seiner Daten zu beurteilen, d.h. eine möglichst spezifische Theorie zu generieren"* (ebd., S. 54). Doch wie gelangt der Forscher zu jener Ausrüstung („Instrumentarium") an Kategorien und Hypothesen? Hierzu finden sich nur sehr wenige und verstreute Hinweise.

In *„The Discovery of Grounded Theory"* stehen also zwei verschiedene Vorstellungen von Theoriebildung unverbunden nebeneinander. Der einen Vorstellung gemäß „emergiert" theoretisches Wissen von selber aus dem Datenmaterial, wenn es der Untersucherin gelingt, sich vor ihrem Kontakt mit dem empirischen Feld von allen ihren theoretischen Vorurteilen zu lösen. Eine genauere Analyse der Monographie macht dabei deutlich, dass dieses „Emergenzkonzept" eher forschungspolitisch als methodologisch begründet war. Als ihr eigenes Ziel formulierten GLASER und STRAUSS dabei, *„den von vielen verinnerlichten Anspruch abzuweisen, daß Soziologen im Dienste der Verifikation zu forschen und zu schreiben hätten. Ebenso wenden wir uns gegen alle, die der Freiheit der Forschung die strengen Regeln der Verifizierung entgegenhalten (...)."* (GLASER, STRAUSS 1967/1998, S. 16 f.) Der Verifikationsrhetorik quantitativer Methodiker setzten GLASER und STRAUSS eine eigene induktivistische Rhetorik entgegen: Wenn der Forscher oder die Forscherin nur alles täte, um sich von theoretischen Vorurteilen zu befreien, und unvoreingenommen das Material betrachten würde, so würden hierauf die theoretischen Einsichten quasi von selber „emergieren". Der Vorherrschaft des hypothetiko-deduktiven Modells in der quantitativen Survey-Methodologie setzten GLASER und STRAUSS also eine induktivistische Rhetorik des *„zu-*

rück zu den empirischen Daten" entgegen. Methodologisch ist diese Rhetorik jedoch fatal, weil ein solches Modell forschungspraktisch gar nicht umsetzbar ist. Jeder Versuch, theoretische Konzepte allein aus den Daten emergieren zu lassen, kann letztendlich nur dazu führen, dass man hilflos einer großen Menge unstrukturierten Datenmaterials gegenübersteht.

Der anderen Vorstellung, die in *„The Discovery of Grounded Theory"* nur wenig entfaltet wurde, entsprechend entdeckt eine „theoretisch sensibilisierte" Forscherin im empirischen Feld bestimmte Phänomene, welche sie *Theorien großer Reichweite* zu sehen gelernt haben. Das Konzept der theoretischen Sensibilität wurde von den Autoren hier jedoch nicht in methodologische Regeln umgesetzt. Erst in späteren Schriften gehen sowohl GLASER als auch STRAUSS intensiver auf die Bedeutung des theoretischen Vorwissens bei der Analyse qualitativer Daten ein und beschreiben Strategien, wie solches Wissen für die Entwicklung von Konzepten anhand empirischen Datenmaterials genutzt werden kann. Beide Autoren entwickeln dabei unterschiedliche Verfahren und Begriffe und damit verschiedene Spielarten der *„Grounded Theory"*, wobei GLASER nach außen hin an der induktivistischen Rhetorik festhält, wohingegen STRAUSS explizit die Bedeutung theoretischen Vorwissens würdigt (vgl. KELLE 2005, 2007; STRÜBING 2003, S. 49 ff.).

Bevor wir uns allerdings im zweiten Kapitel ausführlicher der Bedeutung theoretischen Vorwissens für die Entwicklung von Konzepten, Kategorien, Hypothesen und Typologien zuwenden, wollen wir im folgenden noch genauer auf die *logischen Grundlagen* der empirisch begründeten Konstruktion von Konzepten und Typologien eingehen.

1.3 Hypothetisches Schlussfolgern und Abduktion

Die Vorstellung, man könne theoretische Konzepte auf induktivem Wege, also nur durch eine sorgfältige Verallgemeinerung von empirisch beobachteten Fakten entwickeln, ist offensichtlich falsch: WissenschaftlerInnen finden keine allgemeinen Begriffe, indem sie Beobachtungen aufzählen und zusammenfassen. Allgemeine Begriffe fassen Sachverhalte nicht zusammen, sie helfen, diese zu erklären und zu verstehen. Des weiteren können WissenschaftlerInnen ihr Vorwissen auch nicht einfach suspendieren, wie dies ein *tabula rasa* Modell menschlicher Erkenntnis von ihnen fordert. Vielmehr sehen sie die Welt immer durch die Linsen bereits vorhandener Kategorien (LAUDAN 1977). Das bedeutet allerdings nicht, dass ein hypothetiko-deduktives Modell den einzig sinnvollen Weg empirischer Forschung beschreibt und die einzige Alternative zu einem naiv empiristischen Vorgehen darstellt. Diese These, wie sie in Standardwerken sozialwissenschaftlicher Methodologie (s.o.) oft vertreten wird, beruht vielmehr auf einer verkürzten Rezeption der Ergebnisse der modernen Wissenschaftstheorie. Gut aufzeigen lassen sich solche Fehlrezeptionen beispielsweise anhand der Unterscheidung zwischen *Entdeckungszusammenhang* und *Begründungszusammenhang*, die oft als Grundlage eines zweiphasigen Modell des Forschungsprozesses betrachtet wird (vgl. etwa FRIEDRICHS 1990, S. 50 f.): Die erste Phase des Forschungsprozesses, der *Entdeckungszusammenhang*, dient demnach zur spekulativen und kreativen Generierung von Hypothesen. Finden in dieser Phase empirische Untersuchungen statt, sind sie unsystematisch und dienen nur *„in mehr oder weniger impressionistischer Form der Exploration eines Problems"* (ebd., S. 52). Systematische und methodisch kontrollierte Forschungsarbeit findet demnach erst in einer späteren Phase des Forschungsprozesses, im *Begründungszusammenhang*, statt. Hierunter sind die *„methodologischen Schritte zu verstehen, mit deren Hilfe das Problem untersucht werden soll. (...) Ziel ist eine möglichst exakte, nachprüfbare und objektive Prüfung der Hypothesen."* (ebd., S. 52 f.) Wenn man jedoch die Quelle solcher Überlegungen, nämlich die Arbeiten des Wissenschaftsphilosophen HANS REICHENBACH (1983) heranzieht, wird schnell deutlich, dass dieses „Zweiphasenmodell" des Forschungsprozesses eine Verkürzung der ihm angeblich zugrunde liegenden wissenschaftslogischen Konzeptionen darstellt (vgl. auch KELLE 1997, S. 134 ff): Mit der Unterscheidung zwischen *Entdeckungszusammenhang* und *Begründungszusammenhang* wollte REICHENBACH keineswegs die Auffassung vertreten, dass die Entdeckung von Hypothesen keinen rationalen und methodisch kontrollierten Vorgang darstellt und nicht auf der Grundlage empirischen Materials beruhen kann. Die Unterscheidung zwischen Entdeckungs- und Begründungszusammenhang bezieht sich gar nicht auf die Vorgänge der Hypothesengenerierung und Hypothesenüberprüfung, sondern auf eine Unterscheidung zwischen dem tatsächlichen Vorgang der Entdeckung, der zwar rationalen Regeln folgt (dem philosophierenden Wissenschaftstheoretiker aber nicht direkt zugänglich ist), und der (schriftlichen) Darstellung dieses Entdeckungsvorganges durch die beteiligten WissenschaftlerInnen (nur letztere kann, so REICHENBACH, die Grundlage einer rationalen Rekonstruktion des Forschungsprozesses bilden).

In den 1980er Jahren wurden zahlreiche wissenschaftsphilosophische und wissenschaftshistorische Arbeiten über die Bedeutung des Entdeckungskontextes vorgelegt, die zeigen, dass eine strikte Trennung zwischen unsystematischer, weil kreativer Hypothesengenerierung einerseits und methodisch kontrollierter Hypothesenprüfung dem realen wissenschaftlichen Forschungsprozess auch in den Naturwissenschaften nicht gerecht wird (vgl. u.a. DANNEBERG 1989; HINTIKKA, VANDAMME 1985; FISCHER 1983;

KIRSCHENMANN 1991; NERSESSIAN 1984, 1989; NICKLES 1980, 1985, 1990). Diese Untersuchungen zeigen anhand zahlreicher wissenschaftshistorischer Beispiele, dass die Ansicht, neue Theorien würden nur aus blitzartigen Einsichten entstehen, eher auf der Existenz zahlreicher z.t. unverbürgter oder offensichtlich falscher Anekdoten aus der Wissenschaftsgeschichte beruht als auf solider wissenschaftshistorischer Forschung (vgl. NICKLES 1980; DANNEBERG 1989, S. 67 f.). Auch bei der Entwicklung von theoretischen Konzepten und Hypothesen ziehen ForscherInnen Schlussfolgerungen, die rational begründet sind. Ein einseitig hypothetiko-deduktives Konzept des Forschungsprozesses vernachlässigt dabei eine wichtige Seite wissenschaftlicher Entdeckungen, nämlich die Tatsache, dass empirische Daten oft den *Ausgangspunkt* wissenschaftlicher Erkenntnis bilden. Diesen Aspekt wissenschaftlicher Erkenntnis hatte der Induktivismus zu Recht betont, dabei aber seinerseits übersehen, dass Theorien nicht einfach eine *Zusammenfassung* von Daten darstellen, sondern vielmehr eine *Erklärung* von Daten bieten. Weiterhin konnte der Induktivismus die Tatsache nicht hinreichend berücksichtigen, dass empirische Beobachtungen und Beobachtungsmethoden stets in einen umfassenderen *theoretischen Kontext* eingebettet sind.

Will man also die Entwicklung von theoretischen Konzepten anhand von qualitativem Datenmaterial angemessen methodologisch begründen, so muss man in Rechnung stellen, dass qualitativ entwickelte Konzepte und Typologien gleichermaßen empirisch begründet und theoretisch informiert sein müssen. Die Entwicklung neuer Konzepte anhand empirischen Datenmaterials ist also eine Art „Zangengriff", bei dem der Forscher oder die Forscherin sowohl von dem vorhandenen theoretischen Vorwissen als auch von empirischem Datenmaterial ausgeht.

Lassen sich nun neue Konzepte anhand empirischen Datenmaterials durch eine eigene *logic of discovery* entwickeln? Weder deduktive noch induktive Schlussfolgerungen können hier hilfreich sein: deduktive Schlüsse sind nicht „gehaltserweiternd", durch sie wird vorhandenes Wissen nur umformuliert, nicht aber neues Wissen generiert. Auch induktive Schlüsse führen nicht zur Generierung neuer Begriffe und Kategorien, sondern nur zu einer Verallgemeinerung von Einzelbeobachtungen. In der wissenschaftstheoretischen Literatur wird nun schon seit langem eine dritte Form logischen Schließens[1] beschrieben, deren Prämissen eine Menge empirischer Phänomene bilden und deren Konklusion eine empirisch begründete Hypothese

---

[1] Hier wird ein weiter Logikbegriff (Logik als folgerichtiges Denken und Argumentieren), zugrunde gelegt, der den Begriff der Logik nicht beschränkt auf die Folgerung wahrer Konklusionen aus wahren Prämissen – würde man einen solchen eher engen Logikbegriff zugrunde legen, wäre natürlich streng genommen überhaupt nur ein deduktiver Schluss „logisch" (vgl. hierzu MITTELSTRAß 1995, S. 626 f.).

(HANSON 1965; KELLE 1997, S. 143 ff; KELLE 2003; REICHERTZ 2003) darstellt. Dieser Schlussmodus wurde von CHARLES SANDERS PEIRCE, einem Begründer des philosophischen Pragmatismus beschrieben und kann als *„hypothetisches Schlussfolgern"* bezeichnet werden kann.

PEIRCE verdeutlicht mit seinem klassischen „Bohnenbeispiel" in folgender Weise den Unterschied zwischen Induktion, Deduktion und Hypothese (PEIRCE, 2.623)[2].

„DEDUKTION
REGEL – Alle Bohnen aus diesem Sack sind weiß.
FALL – Diese Bohnen sind aus diesem Sack
RESULTAT – Diese Bohnen sind weiß.

INDUKTION
FALL – Diese Bohnen sind aus diesem Sack.
RESULTAT – Diese Bohnen sind weiß.
REGEL – Alle Bohnen aus diesem Sack sind weiß.

HYPOTHESE
REGEL – Alle Bohnen aus diesem Sack sind weiß.
RESULTAT – Diese Bohnen sind weiß.
FALL – Diese Bohnen sind aus diesem Sack."

Die Hypothese stellt also eine Schlussfolgerung von einer bekannten Regel und einem Resultat auf einen Fall dar: *„Um eine Hypothese handelt es sich, wenn wir einen sehr seltsamen Umstand finden, der durch die Unterstellung erklärt werden würde, daß es ein Fall einer bestimmten allgemeinen Regel ist, und wenn wir daraufhin jene Unterstellung akzeptieren."* (PEIRCE, 2.624) Die Hypothese ist dabei eine mehr oder weniger riskante Vermutung (auf das Beispiel bezogen: die Bohnen kann auch eine andere Person aus einem anderen Sack genommen und auf den Tisch gelegt haben), deren Ergebnisse in einem weiteren Schritt deduktiv überprüft werden müssen.

Je nachdem, ob der Forscher auf eine ihm bereits bekannte Regel zur Formulierung der Hypothese zurückgreift, lassen sich zwei Fälle hypothetischer Schlussfolgerung unterscheiden:

---

2   Bei der Zitation von PEIRCE orientieren wir uns an der werksspezifischen Konvention, in der der Paragraph aus der Gesamtausgabe genannt wird. Soweit das Zitat in der von KARL-OTTO APEL herausgegebenen deutschen Übersetzung (PEIRCE 1991) vorhanden ist, zitieren wir diese, ansonsten aus den von HARTSHORE, WEISS und BURKS editierten *Collected Papers* (PEIRCE 1974, 1979).

1. Entweder ist dem Forscher die allgemeine Gesetzmäßigkeit oder Regel, die zur Erklärung verwendet wird, bekannt: *„Die Hypothese in dieser Deutung – ordnet Wahrgenommenes in bereits vorliegende Ordnungen ein, sie erklärt Singuläres, indem sie erklärt, es sei der Fall einer bereits bekannten Klasse."* (REICHERTZ 1991, S. 25) PEIRCE bezeichnete diese Form des hypothetischen Schließens auch als *Induktion von Merkmalen* und später als *qualitative Induktion*. Das Wissen um die Geltung bislang bekannter Regeln wird auf neue Objekte ausgedehnt. Letztlich stellt diese Form des hypothetischen Schließens die Subsumtion eines Falles unter eine Klasse dar, wie JO REICHERTZ betont, der den Begriff des „hypothetischen Schlussfolgerns" auf diese Schlussform beschränkt (REICHERTZ 2003, S. 24 f.).

2. Oder der Forscher kann durch das unvermittelte Auftauchen eines unerwarteten Phänomens dazu angeregt werden, eine neue Klasse zu konstruieren bzw. eine neue Regel zu finden. Einen solchen Schluss von einem unerwarteten Ereignis auf eine erklärende Regel nennt PEIRCE *Abduktion*. Hypothesen, die das Ergebnis abduktiver Schlussfolgerungen darstellen, sind also Hypothesen über eine neue allgemeine Regel, die ein überraschendes Phänomen erklären:

„The surprising fact C is observed.
But if A were true, C would be a matter of course.
Hence there is a reason to suspect that A is true."
(PEIRCE, 5.189)

Eine Abduktion erfordert eine Umdeutung und Neubewertung empirischer Phänomene, ein Vorgang, so PEIRCE, der ohne die Kreativität des Forschers oder der Forscherin, ohne einen spielerischen Umgang mit Daten und Theorien gar nicht denkbar ist. Muße und die Fähigkeit zur Versenkung sind wichtige Voraussetzungen dafür: *„In fact, it is Pure Play. Now Play, we all know, is a lively exercise of one's powers. Pure Play has no rules, except this law of liberty. It bloweth where it listeth."* (PEIRCE, 6.458) „Abduktive Blitze" können aber auch in besonderen Stress- und Belastungssituationen auftreten (REICHERTZ 2003, S. 81 ff.).

Mit dem Konzept der Abduktion wird in der Literatur zur qualitativen Sozialforschung manchmal die Hoffnung verbunden, hier ein Verfahren gefunden zu haben, mit dem man in methodisch kontrollierter Weise *gültige* neue theoretische Aussagen aus empirischen Daten erschließen kann (zur Kritik dieser Auffassung vgl. REICHERTZ 2003). Diese Hoffnung ist jedoch keinesfalls begründet: Mit dem Konzept der Abduktion wird keine Methode beschrieben, sondern nur eine formale Darstellung davon gegeben, wie die Entwicklung neuer Erklärungen angesichts überraschender Fakten vor sich geht. Abduktive Schlussfolgerungen sind hochgradig riskant, d.h. die so gefundenen Erklärungen können völlig abseitig und falsch sein. Abduktionen sind immer vorläufige Vermutungen, die weiter geprüft werden müssen. Da dies so ist, wirft der Umstand, dass *„jedes einzelne Stück wissenschaftlicher*

Theorie, das heute festgegründet dasteht, (...) der Abduktion zu verdanken ist" (PEIRCE, 5.172), die Frage auf: *„Wie kommt es jedoch, daß man all diese Wahrheit jemals in einem Verfahren aufhellte, in dem es keinerlei Zwanghaftigkeit noch eine Tendenz zur Zwanghaftigkeit gibt?"* (ebd.) Oder anders gefragt, wie ist es möglich, dass der Wissenschaftler oder die Wissenschaftlerin *„nach zwei oder drei oder höchstens einem Dutzend Vermutungen fast genau auf die richtige Hypothese"* stößt, wo sie doch *„Trillionen von Trillionen von Hypothesen"* hätte aufstellen können? Die Antwort ist in den besonderen Beschränkungen zu suchen, denen abduktive Schlussfolgerungen unterliegen (vgl. auch KELLE 1997, S. 149 ff.):

1. Die neuen, abduktiv erschlossenen Hypothesen müssen zwar originell sein, ihre Originalität wird jedoch durch die zu erklärenden Fakten begrenzt: *„It is not pure, ontological originality in the relation to the ideas and perceptual facts at hand. Hypotheses can be original, but only if they still may explain the facts in question."* (ANDERSON 1987, S. 44)
2. Eine Abduktion muss nicht nur die überraschenden Phänomene vollständig aufklären, sondern auch in einem besonderen Verhältnis zum Vorwissen des Untersuchers stehen. Abduktive Schlussfolgerungen generieren kein Wissen ex nihilo, jede neue Einsicht vereinigt vielmehr *„something old and something hitherto unknown"* (PEIRCE, 7.536). Die *„verschiedenen Elemente der Hypothese"* müssen *„schon vorher in unserem Verstande"* vorliegen, der abduktive Schluss besteht dann in der *„Idee, das zusammenzubringen, welches zusammenzubringen wir uns vorher nicht hätten träumen lassen"* (PEIRCE, 5.181).

Neue wissenschaftliche Ideen entstehen also aus einer Kombination von altem Wissen und neuer Erfahrung: *„ (...) that is to say, we put old ideas together in a new way and this reorganization itself constitutes a new idea"* (ANDERSON 1987, S. 47). Neue Erklärungen überraschender Ereignisse sind stets nur bis zu einem gewissen Grad originell, stets enthalten sie auch Elemente der bisherigen Wissensbestände. Abduktionen erfordern eine Revision bisheriger Annahmen, Elemente bislang für sicher gehaltener Wissensbestände werden aufgegeben, modifiziert, voneinander getrennt und neu kombiniert.

Die Fähigkeit, gute abduktive Schlussfolgerungen zu formulieren, hängt also einerseits von dem bisherigen Wissen der Untersucherin ab. Ihr theoretisches und sonstiges Vorwissen erlauben es ihr einerseits, eine Anomalie überhaupt als solche wahrzunehmen, und dient andererseits als Material für die Formulierung neuer Hypothesen. Weiterhin ist für die Formulierung von abduktiven Schlüssen Offenheit und ein Verzicht auf dogmatisches Beharrungsvermögen erforderlich. Die Untersucherin muss in der Lage sein, ihr gesamtes bisheriges Wissen zu hinterfragen. Erforderlich hierzu ist entweder starker Handlungsdruck oder aber Muße und die Fähigkeit zum zweckfreien

Spiel. Dieses Spiel ist zwanglos – je größer die Bereitschaft ist, alte Gewissheiten kritisch zu hinterfragen und kühne Annahmen zu machen, desto größer wird auch der Erfolg bei der Formulierung abduktiver Schlussfolgerungen sein. Dennoch findet dieses Spiel nicht im leeren Raum statt, und seine Ergebnisse sind nicht nur Spekulationen, denn das Spielmaterial wird gebildet durch empirische Daten und theoretische Wissensbestände, die der Spieler zu neuen sinnvollen Mustern zusammenfügt.

In dem nun folgenden Kapitel werden wir ausführlicher auf die Rolle eingehen, die das *theoretische Vorwissen* des qualitativen Forschers bzw. der qualitativen Forscherin bei der Generierung von Konzepten spielt.

Kapitel 2
Forschungslogische Grundlagen II:
Die Bedeutung heuristisch-analytischer Konzepte

2.1 „Sensitizing concepts" und theoretische Sensibilität

Auch wenn die Entwicklung von Kategorien und Konzepten nicht vor der Datenerhebung erfolgt, sondern auf der Basis des erhobenen Materials, benötigt der Forscher oder die Forscherin Vorwissen. Weder empirische Verallgemeinerungen noch theoretische Aussagen „emergieren" einfach aus dem Datenmaterial. ForscherInnen sehen die Realität ihres empirischen Feldes stets durch die „Linsen" bereits vorhandener Konzepte und theoretischer Kategorien, sie benötigen eine bestimmte theoretische Perspektive, um „relevante Daten" zu „sehen". Die Verfügbarkeit und flexible Verwendung dieser theoretischen Perspektiven führt zu der von GLASER und STRAUSS (1967/1998) beschriebenen „theoretischen Sensibilität", der Fähigkeit, über empirisch gegebenes Material *in theoretischen Begriffen* zu reflektieren.

Wenn jedoch auch qualitative Forschung theoriegeleitet vorgehen muss, worin unterscheidet sich dann der qualitative Forschungsprozess von der Anwendung hypothetiko-deduktiver Konzepte? Und trifft die Kritik der VertreterInnen des interpretativen Paradigmas an der quantitativen Forschung, dort würden *„die Relevanzsetzungen der Befragten überblendet"* (KELLE 1998, S. 11), nicht auch auf sie selber zu?

Um diese Fragen zu beantworten, ist es notwendig, die „theoretischen Perspektiven" oder „Linsen", mit denen man sich dem empirischen Feld in der qualitativen Forschung nähern kann, genauer zu betrachten. Vergleicht man nämlich die logische Struktur des theoretischen Vorwissens in der qualitativen Forschung mit der Struktur jener Aussagen, die im Rahmen hypothesenprüfender quantitativer Studien zu Beginn des Forschungsprozesses formuliert werden, so wird deutlich, dass unterschiedliche Arten theoriegeleiteter Forschung möglich sind. Der Unterschied zwischen einem hypothetiko-deduktiven Vorgehen und dem qualitativen Forschungsprozess besteht dabei darin, wie theoretisches Vorwissen strukturiert ist und wie es für die Theoriebildung genutzt wird.

Einer der Theoretiker des symbolischen Interaktionismus, HERBERT BLUMER (1940, 1954), hat diesem Problem mehrere seiner frühen Arbeiten gewidmet. BLUMER setzt an einem zentralen Theorieproblem der Sozialwissenschaften an, der *Vagheit* vieler ihrer theoretischen Konzepte. So seien etwa Begriffe wie Status, Rolle oder Autorität viel zu unscharf, um ihnen Ereignisse der empirischen Welt zuzuordnen (BLUMER 1940, S. 709).

Im Gegensatz zu hypothetiko-deduktiv orientierten Methodologen sieht BLU-MER hier jedoch nicht ein Defizit soziologischer Begriffsbildung, welches sich durch definitorische Arbeit beheben ließe. Vielmehr würde, so BLUMER, bei Versuchen, vage Konzepte durch operationale Definitionen zu präzisie-ren, der empirische Bezug des Begriffes regelmäßig zugunsten merkwürdiger Konstruktionen miteinander verbundener Symbole (ebd., S. 712) aufgegeben. Und bei der Konstruktion neuer, vermeintlich präziserer, sozialwissenschaft-licher Begriffe würden die alten Probleme der Vagheit stets wieder von neuem auftreten.

Das Problem liegt, BLUMER zufolge, in dem Gegenstandsbereich der So-zialwissenschaften selber begründet. Die Beschreibung und Beurteilung so-zialer Sachverhalte erfordert in der Regel die Kenntnis eines Handlungskon-textes, der dem sozialen Handeln der Akteure erst eine Bedeutung verleiht. Eine übereinstimmende Beurteilung einer sozialen Handlung durch verschie-dene BeobachterInnen setzt voraus, dass sie diesen Handlungskontext in der-selben Weise auffassen und (auf der Basis eines gemeinsamen Wissens) den signifikanten Gesten von Akteuren dieselbe Bedeutung zuweisen. In ver-schiedenen gesellschaftlichen Lebensformen nun werden aber denselben sozialen Handlungen und Handlungskontexten sehr verschiedene Bezeich-nungen zugeordnet. Die begriffliche Vagheit sozialer Beschreibungen ist also deren Wesensmerkmal und kann nicht dadurch „geheilt" werden, dass die empirische Beobachtung sozialer Phänomene durch technische Prozeduren standardisiert wird. SozialforscherInnen haben jedoch noch eine andere Mög-lichkeit: Sie können sich die zur präzisen Beschreibung sozialen Verhaltens notwendigen begrifflichen Kontexte dadurch erschließen, indem sie eine fremde Lebensform kennen lernen. In der sozialen Lebenspraxis konkretisie-ren sich nämlich die ursprünglich unscharfen Begriffe zur Kennzeichnung sozialer Verhaltensweisen und gewinnen eine umrissene Bedeutung. Das, was etwa der soziologische Begriff „Assimilation" bedeutet, lässt sich nicht klären anhand abstrakter Definitionen, sondern nur durch das Studium konk-reter Assimilierungsprozesse konkreter Bevölkerungsgruppen. Die Vagheit soziologischer Konzepte erweist sich dann nicht mehr als ein Hindernis bei der Erforschung der sozialen Realität, sondern stellt eine notwendige Voraus-setzung für sozialwissenschaftliche Untersuchungen dar. Diese benötigen BLUMER zufolge gerade nicht *definitive Konzepte,* d.h. scharf umrissene, wohldefinierte und präzise operationalisierte Begriffe, sondern offene Kon-zepte, die den Untersucher oder die Untersucherin für die Wahrnehmung sozialer Bedeutungen in konkreten Handlungsfeldern *sensibilisieren.*

„Whereas definitive concepts provide prescriptions of what to see, sensitizing concepts merely suggest directions along which to look. The hundreds of our concepts – like culture, institutions, social structure, mores, and personality – are not definitive concepts but are sensitizing in nature. They lack precise reference and have no bench marks which allow a clean-cut identification of a specific instance and of its content. Instead they rest on a general sense of what is relevant." (BLUMER 1954, S. 7)

Diese *sensibilisierenden Konzepte* können nur in der empirischen sozialen Welt selber präzisiert werden – dort haben die Forschungsgegenstände (ob Person, Gruppe, Institution oder eine bestimmte soziale Praxis) oftmals einen genau umschriebenen Charakter und einen spezifischen Kontext. Bei der empirischen Untersuchung der sozialen Welt kann der Untersucher oder die Untersucherin deshalb herausfinden *„what is common by accepting and using what is distinctive to the given empirical instance. In other words, what is common (i.e. what the concept refers to) is expressed in a distinctive manner in each empirical instance and can be got at only by accepting and working through the distinctive expression."* (BLUMER 1954, S. 7)

Sensibilisierende Konzepte dürfen also nicht *vor* einer empirischen Untersuchung (etwa durch eine genaue Definition und Operationalisierung) präzisiert werden, ihre Konkretisierung muss vielmehr in Auseinandersetzung mit der untersuchten Lebensform stattfinden.

Der Vorschlag BLUMERs zur Verwendung theoretischen Vorwissens in der qualitativen Forschungspraxis lässt sich damit folgendermaßen zusammenfassen: Die qualitative Feldforscherin verwendet (oft notwendigerweise vage und vieldeutige) theoretische Begriffe aus soziologischen Theorien als sensibilisierende Konzepte, die dann in Auseinandersetzung mit dem empirischen Feld konkretisiert und damit in definitive Konzepte umgewandelt werden. Eine Forscherin, die etwa die soziale Lebenswelt von deutsch-türkischen MigrantInnen in einer deutschen Großstadt untersucht, verwendet den Assimilationsbegriff nicht, um zu Beginn eine testbare Hypothese über das Ausmaß der Assimilation dieser Gruppe zu formulieren, sondern um durch teilnehmende Beobachtung und offene Interviews zu erfahren, ob und inwieweit der Gedanke der Assimilation in der sozialen Lebenswelt der Deutsch-TürkInnen eine Rolle spielt, welche Konzepte sie von Assimilation haben, und in welcher Weise sie sich zu ihnen verhalten.

2.2 Dimensionen theoretischen Vorwissens

Im Unterschied zu einer hypothetiko-deduktiven Forschungsstrategie beginnt eine qualitative Studie, bei der das Untersuchungsfeld mit Hilfe von sensibilisierenden Konzepten erschlossen wird, nicht mit präzis operationalisierten Hypothesen, sondern mit unscharfen Begriffen, die im Laufe der Untersuchung sukzessive präzisiert werden. Jedoch bilden die von BLUMER beschriebenen sensibilisierenden Konzepte keineswegs die einzige Form des theoretischen Vorwissens im qualitativen Forschungsprozess. In vielen Fällen lässt sich die Verwendung auch von präzisen und definitiven Konzepten zu Beginn einer empirischen Studie gar nicht vermeiden. In der Regel enthält bereits die vorhandene Literatur über den Untersuchungsgegenstand etliche solcher definitiven Konzepte (und es wäre kaum sinnvoll, wenn ForscherInnen vor einer empirischen Studie nur deswegen auf die Aufarbeitung des Standes der Forschung verzichten würden, weil sie hier mit zu präzisen Konzepten in Kontakt kommen).

Ein umfassendes Konzept des theoretischen Wissens, welches im qualitativen Forschungsprozess eine Rolle spielt, muss also über BLUMERs Modell der *sensitizing concepts* hinausgehen. Im Folgenden werden wir *vier relevante Dimensionen* theoretischen Vorwissens in der qualitativen Forschung und deren methodologische Bedeutung erörtern:

1. den Grad der *Explikation* des Vorwissens,
2. die *Herkunft* dieses Vorwissens,
3. den Grad der *Theoretisierung* dieses Vorwissens
4. und dessen Grad an *empirischem Gehalt*.

2.2.1 Grad der Explikation

In einem guten experimentellen oder quasi-experimentellen Forschungsdesign müssen die Erwartungen des Forschers oder der Forscherin auf der Basis einer vorhandenen Theorie als empirisch prüfbare Hypothesen expliziert werden – idealerweise in der Form einer Aussage, die nach der Erhebung und Auswertung der empirischen Daten mit ja oder nein beantwortet werden kann: *Übernehmen soziale Akteure die Pflege von hilfsbedürftigen Angehörigen, weil sie ansonsten soziale Sanktionen durch relevante Mitglieder ihres sozialen Netzwerks befürchten?* Qualitative Forschung jedoch dient nicht einer solchen Prüfung von ex ante formulierten Hypothesen, sondern der Entdeckung von bislang unbekannten Sachverhalten. Hypothesen werden dabei durchaus entwickelt, aber in der Regel erst nach der Auseinandersetzung mit empirischen Daten: So wird ein qualitative Forscher, der ebenfalls das Forschungsfeld *„Pflege hilfsbedürftiger Angehöriger"* bearbeitet, möglicherweise nach der Analyse qualitativer Interviews mit pflegenden Angehörigen die Hypothese entwickeln, dass *Habitualisierung* einen wesentlichen Faktor bei der Übernahme von Pflegeverantwortung darstellt, weil viele der Interviewten äußern, sie seien in die Pflegesituation *„hineingerutscht"*, sich Äußerungen finden wie *„Eigentlich hat sich das ganz automatisch ergeben ... und im Lauf der Zeit so entwickelt."* oder *„Da sind wir so reingewachsen."*

Das Konzept „*Habitualisierung*" gehörte dabei bereits (als offenes, sensibilisierendes Konzept) zum Wissensbestand des Forschers, bevor er diesen Umstand im Datenmaterial entdeckte. Das (implizite) soziologische Theoriewissen dient in einem solchen Fall als „Linse" oder „Brille", durch die der Forscher oder die Forscherin die empirische Realität wahrnimmt. Bestimmte Phänomene können dann beispielsweise als „Rollenkonflikte", „Stigmatisierungsprozesse" oder „funktionale Differenzierung" (um nur einige soziologische Begriffe nahezu willkürlich herauszugreifen) „gesehen" werden, auch wenn nicht zu Beginn der Untersuchung die explizite Erwartung formuliert wurde, Stigmatisierung, Rollenkonflikte oder funktionale Differenzierung im Untersuchungsfeld zu beobachten. Das Ausmaß, in dem ForscherInnen solche impliziten Konzepte kognitiv zur Verfügung stehen, macht ihre theoretische Sensibilität aus, ihre Fähigkeit, empirische Sachverhalte in einer theoretischen Sprache zu beschreiben.

In manchen Fällen kann dieses theoretische Vorwissen vor der Datenerhebung ausführlich expliziert werden, häufig ist eine solche Explikation aber schwierig. Oft kann die Forderung danach sogar an den Erfordernissen qualitativer Forschung weit vorbeigehen: Ein wesentliches Merkmal qualitativer Sozialforschung ist der heuristische Charakter des Forschungsprozesses. Deswegen ist es nicht nur möglich, sondern sogar wünschbar, dass der Forscherin oder dem Forscher im Untersuchungsfeld ungewöhnliche Dinge zustoßen, dass sie Zeugen nicht erwarteter Ereignisse werden, und dass ihnen ihre Informanten und InterviewpartnerInnen überraschende Mitteilungen machen. Hierzu ein Beispiel: Eine Forscherin, die im Pflegeheim ein Feldforschungsprojekt zur Interaktion zwischen Pflegepersonal und dementen BewohnernInnen durchführt und dabei festgestellt hat, dass diese Interaktion häufig gekennzeichnet ist von „Verdinglichung" (das heißt, dass demente BewohnerInnen im Extremfall wie Sachen oder physische Objekte behandelt werden), entdeckt während der Teilnahme an einer Nachtwache, dass eine bestimmte Pflegekraft dieses Verhaltensmuster durchbricht, indem sie BewohnerInnen (auch wenn diese aufgrund kognitiver Einschränkungen sie gar nicht verstehen) beständig direkt anspricht. Um diese Beobachtung theoretisch zu beschreiben, greift sie zurück auf die Unterscheidung zwischen „instrumentellem" und „verständigungsorientiertem Handeln" von Jürgen Habermas. Kompetente ForscherInnen sollten also einen Theoriefundus zur Verfügung haben, der ihnen hilft, unerwartete Befunde theoretisch einzuordnen. Je umfassender dieser Theoriefundus jedoch ist (und je kompetenter dementsprechend der Forscher oder die Forscherin), desto schwieriger wird es aber natürlich, diesen Wissensvorrat vor dem ersten Feldkontakt auszubreiten.

2.2.2 Herkunft

Hinsichtlich der Dimension „Herkunft des theoretischen Vorwissens" ist vor allem die Unterscheidung zwischen *Forscherwissen* und *Akteurswissen* von zentraler Bedeutung. Zentrale theoretische Konzepte aus der interpretativen, qualitativen Forschungstradition wie „Deutungsmuster", „kognitive Schemata", „subjektive Relevanzsetzungen", „subjektive Orientierungen", „Wissensbestände", *„cognitive maps"*, „Skripte" u.a.m. bringen zum Ausdruck, dass ein wesentliches Ziel qualitativer Forschung darin besteht, einen Zugang zu Akteurswissen zu finden. Soll etwa die Situation von Personen, die ihre pflegebedürftigen Angehörigen versorgen, mit qualitativen Methoden untersucht werden, müssen Informationen darüber gesammelt werden, was es für eine Pflegeperson bedeutet, die Verantwortung für einen pflegebedürftigen Angehörigen zu übernehmen. Ziel einer solchen Informationssammlung ist es, Wissen über die Bedingungen, den Tagesablauf, die routinemäßigen Abläufe in der häuslichen Pflege und über alltägliche und seltene Ereignisse in Erfahrung zu bringen, die den Pflegenden zustoßen. Der Forscher oder die Forscherin wird daran interessiert sein, etwas darüber in Erfahrung zu bringen, was in der Pflegesituation geschieht, welche typischen Handlungsprobleme sich den Akteuren stellen, und welche Strategien und Routinen sie entwickelt haben, um diese Handlungsprobleme zu lösen. Welchen Einschränkungen unterliegen die Pflegenden, welche Frustrationen erfahren sie, welche Handlungsziele haben sie und welche Unterstützungsleistungen erhalten sie von Mitgliedern ihres sozialen Netzwerks? Zur Beantwortung solcher Fragen ist der Zugang zu dem Wissen der Akteure unerlässlich. Die kompetenten ExpertInnen für die Situation von pflegenden Angehörigen sind also an erster Stelle diese selber. Oft muss viel Zeit dafür aufgewendet werden, Begriffe zu klären, die zum festen Alltagswissen der Akteure gehören und nur in dem untersuchten Handlungskontext verstehbar sind. (Bei der Untersuchung der Situation pflegender Angehöriger müssten die beteiligten ForscherInnen bspw. zuerst die Bedeutung verschiedener „Pflegestufen" in Erfahrung bringen – ein Konzept, das für die Akteure im Bereich der ambulanten Pflege triviales Alltagswissen darstellt.)

Hierbei zeigt sich ein für die qualitative Forschung typischer *Zirkel*: Zugang zu finden zu dem Wissen der Akteure ist einerseits das *Ziel* der Forschungsbemühungen, andererseits aber auch deren *Voraussetzung*, denn der Forscher oder die Forscherin müssen schließlich über alltägliche Sprech- und Verstehenskompetenzen verfügen, weil sie sonst gar nicht in der Lage wären, Handlungen und Äußerungen der Akteure zu verstehen. Das ist aber in der Regel nur dann möglich, wenn das Untersuchungsfeld einen mehr oder weniger engen Bezug zur Lebenswelt des Forschers oder der Forscherin aufweist.

Je enger dieser Bezug aber ist, desto größer wird auch das Risiko, dass eine notwendige Distanz zum Gegenstand verloren geht – relevante soziale Phänomene können leicht „übersehen" werden, wenn sie zu den Alltagsselbstverständlichkeiten des Forschers oder der Forscherin gehören.

Wenn die Untersuchung jedoch in einem vollständig fremden Kulturkreis stattfindet, können sich aus den unterschiedlichen Wissensbeständen von ForscherInnen und Akteuren Probleme ergeben. Das ist manchmal bereits dort der Fall, wenn es sich bei der untersuchten Gruppe um Personen handelt, die einer *anderen Schicht* angehören, einer *anderen Altersgruppe, einem anderen Geschlecht*, einem *anderen Beruf*, die eine *andere Bildung* haben oder einen *anderen weltanschaulichen* oder *religiösen Hintergrund*. Am deutlichsten treten solche Probleme jedoch bei der Untersuchung von Subkulturen hervor, die vom Milieu der gebildeten städtischen Mittelschicht, welchem der Soziologe und die Soziologin normalerweise angehört, weit entfernt sind. So schildert etwa GIRTLER in seiner Untersuchung über die Wiener „Sandler" anschaulich jene zahlreichen Missverständnisse, die sich aus den verschiedenen Sprachcodes von ForscherInnen und Mitgliedern der Untersuchungsgruppe ergeben (GIRTLER 1980, S. 5). Bei der Untersuchung sozialer Lebensformen, die sich sehr stark von der Lebensform des Forschers oder der Forscherin unterscheiden, gewinnt die Person eines *Übersetzers* eine besondere Bedeutung, der sich in zwei verschiedenen Kulturen (in der beforschten und in derjenigen des Forschers oder der Forscherin) auskennt und deswegen die Bedeutung von Begriffen in den unterschiedlichen Handlungskontexten kennt.

2.2.3 Grad der Theoretisierung

Die verschiedenen institutionellen Wissenskontexte von Akteuren und ForscherInnen – etwa die Alltagswelt von pflegenden Angehörigen einerseits und die soziale Welt der *scientific community* andererseits – bringen natürlich unterschiedliche Wissensformen hinsichtlich des Abstraktionsgrades und der Verallgemeinerungsansprüche von Aussagen mit sich. *Alltagswissensbestände* beziehen sich in der Regel auf einen eng begrenzten Kreis von abgrenzbaren Situationen (die bspw. in der Pflege von hilfsbedürftigen Angehörigen auftauchen) und betreffen oft Lösungen von praktischen Handlungsproblemen: Was muss getan werden, um den Angehörigen mit Essen usw. zu versorgen, um das Wundliegen zu vermeiden? Wie kann die Pflegeperson auf Verhalten des Angehörigen reagieren, das sie als belastend, merkwürdig oder abstoßend empfindet usw.? Demgegenüber würde sich eine sozialwissenschaftliche *Theorie* auf allgemeine Aspekte von Hilfeleistungen beziehen:

Was motiviert die Akteure, ihren nahen Angehörigen zu helfen – Eigennutz, Altruismus, Solidarität oder Angst vor sozialer Kontrolle? Wodurch sind jene verwandtschaftlichen Bindungen allgemein gekennzeichnet, die die Übernahme von Pflegeverantwortung erleichtern oder erschweren usw.? Aber nicht nur der Untersucher oder die Untersucherin kennen sozialwissenschaftliche Theorien – mit der zunehmenden Verbreitung sozialwissenschaftlichen Wissens haben in der Regel auch die Akteure im untersuchten Feld einen mehr oder weniger guten Zugang zu theoretischen Wissensbeständen, die sie in ihre Weltdeutungen aufnehmen und mit denen sie ihr alltagsweltliches Wissen anreichern. Zahlreiche Begriffe der Soziologie (*„Rolle"*, *„Statussymbol"*, ...) oder verschiedener psychologischer Theorieschulen (*„Minderwertigkeitskomplex"*, *„Verdrängung"*, ...) sind schon seit langer Zeit – z.t. mit veränderter Bedeutung – in den Alltagssprachgebrauch übergegangen. Das Wissen der Akteure im Feld enthält also zahlreiche Interpretationen der eigenen Situation, Konstruktionen und Deutungen des Geschehens auf der Grundlage der eigenen Wissensbestände, zu denen auch Theoriewissen der Sozialwissenschaften gehören kann. Die Tatsache, dass das Alltagswissen der Akteure bei der Verwendung eines qualitativen Ansatzes eine zentrale Grundlage sozialwissenschaftlicher Theoriebildung darstellt, darf nun nicht dazu führen, dass der Forscher oder die Forscherin unkritisch die Deutungsmuster und Konstruktionen der Befragten übernimmt – Methoden der qualitativen Sozialforschung können vielmehr, richtig eingesetzt, zu einem Werkzeug der „Ideologiekritik des Alltags" werden.

2.2.4   Grad an empirischem Gehalt

Die vierte für die qualitative Forschung relevante Dimension des Vorwissens betrifft dessen Grad an empirischem Gehalt. Ein hypothetiko-deduktives Vorgehen würde die Formulierung solcher Hypothesen verlangen, die an der empirischen Realität scheitern (d.h. „falsifiziert" werden) können. Dieses Risiko des empirischen Scheiterns wird auch als *empirischer Gehalt* bezeichnet: Je mehr mögliche Beobachtungssaussagen formuliert werden können, die zu einer Theorie in Widerspruch stehen, desto höheren empirischen Gehalt hat diese Theorie. Die folgende Aussage kann als Beispiel für eine empirisch gehaltvolle soziologische Hypothese dienen:

„Je niedriger das Niveau des allgemein bildenden Schulabschlusses, desto mehr aversive Einstellungen gegenüber Angehörigen fremder Ethnien werden geäußert."

Eine Beobachtungsaussage, die dieser theoretischen Aussage widersprechen und damit eine falsifizierende Instanz darstellen würde, könnte etwa lauten:

„Bei einer Befragung von 2000 zufällig gezogenen jungen Erwachsenen bejaht derselbe Anteil von Personen mit formal niedrigem wie mit formal hohem allgemeinbildendem Schulabschluss Einstellungsfragen, die eine fremdenfeindliche Einstellung zum Ausdruck bringen."

In den Sozialwissenschaften werden aber nicht nur solche empirisch prüfbaren, falsifizierbaren Aussagen formuliert, sondern es finden sich in sozialwissenschaftlichen Theorien zahlreiche Sätze oft mit sehr hohem theoretischen Allgemeinheitsgrad, die nur schwer mit der Realität in Konflikt geraten können. Hierzu gehören viele jener theoretischen Aussagen, die im Rahmen von soziologischen „Großtheorien", etwa strukturfunktionalistischen Systemtheorien, entscheidungstheoretischen Ansätzen und anderen Theorien auf hohem Abstraktionsniveau formuliert werden. Solche Theorien enthalten in der Regel eine große Anzahl von Kategorien und Annahmen, die nur sehr bedingt oder überhaupt nicht empirisch überprüfbar sind. Dies trifft etwa auf Definitionen soziologischer Kategorien zu, bei denen es sich, streng genommen, um tautologische Sätze ohne empirischen Gehalt handelt, wie sich etwa leicht anhand klassischer Definitionen des Begriffs der sozialen Rolle zeigen lässt (*„Soziale Rollen sind Bündel von Erwartungen, die sich in einer gegebenen Gesellschaft an das Verhalten der Träger von Positionen knüpfen."* (DAHRENDORF 1973, S. 33). Aus dieser Aussage lassen sich nicht ohne weitere Zusatzinformationen empirisch überprüfbare Hypothesen über konkretes soziales Verhalten ableiten. Hierzu müssten Annahmen darüber getroffen werden, *welche* Erwartungen in *welcher* Gesellschaft an *welche* Position geknüpft werden. Aber auch andere theoretische Aussagen, die nicht ohne weiteres als Begriffsdefinitionen erkennbar sind, sind oft weitgehend empirisch gehaltlos (d.h. empirisch nicht überprüfbar bzw. falsifizierbar):

„Die erste Prämisse (des Symbolischen Interaktionismus) besagt, daß Menschen ‚Dingen' gegenüber auf der Grundlage der Bedeutung handeln, die diese Dinge für sie haben." (BLUMER 1981, S. 81)

Eine Handlung, die nicht auf der Grundlage einer Bedeutungszuschreibung erfolgt, ist nun aber – folgt man den klassischen soziologischen und sprachphilosophischen Diskursen zum Handlungsbegriff – gar keine Handlung im eigentlichen Sinne dieses Wortes mehr. BLUMER macht hier also keine Aussagen über empirisch beobachtbare soziale Fakten, sondern gibt eine philosophische Erklärung des Wortes *„handeln"*.

Als gutes Beispiel für empirisch gehaltlose Aussagen können schließlich auch theoretische Kernaussagen von *entscheidungstheoretischen* (*„Rational Choice"*-) *Ansätzen* dienen:

„Personen wählen aus einem Set überhaupt verfügbarer oder möglicher Handlungsalternativen diejenige, die am ehesten angesichts der vorgefundenen Situationsumstände bestimmte Ziele zu realisieren verspricht." (ESSER 1991, S. 54)

Oder, anders formuliert:

„Individuen führen solche Handlungen aus, die ihre Ziele in höchstem Maße realisieren – unter Berücksichtigung der Handlungsbeschränkungen, denen sie sich gegenübersehen." (OPP 1989, S.105)

Eine solche theoretische Kernaussage enthält natürlich keine Informationen darüber, *welche* Handlungsziele durch *welche* Handlungsalternativen bei *welchen* Handlungsbeschränkungen in *welchen* Situationen in einem konkreten sozialen Handlungsfeld umgesetzt werden können. Es handelt sich bei den zitierten Aussagen also nicht um empirische Aussagen, sondern eher um Erläuterungen dessen, was die Autoren unter einer („rationalen") Handlung verstehen.

Dass der Theoriekern von *Rational Choice*-Ansätzen leer und empirisch gehaltlos ist, ist sowohl von den KritikerInnen als auch von VertreterInnen dieser Ansätze betont worden (zu dieser Diskussion vgl. KELLE, LÜDEMANN 1995; Kelle 2008a, S. 100). Ohne Annahmen darüber, welche *konkreten Ziele* Akteure in bestimmten Handlungsfeldern verfolgen, welche *konkreten Handlungsalternativen* ihnen zur Verfügung stehen und mit welchen *konkreten Handlungsbeschränkungen* sie konfrontiert sind, ist eine solche allgemeine Entscheidungstheorie *„wie ein leerer Sack"* (LINDENBERG 1981, S. 26).

Für die Anwendung einer exploratorischen, hypothesengenerierenden Forschungsstrategie, wie sie für qualitative Untersuchungen charakteristisch ist, ist dies jedoch kein theoretisches Manko. Im Gegenteil: Solche allgemeinen, abstrakten und empirisch gehaltlosen theoretischen Konzepte sind in idealer Weise als *Heuristiken* einsetzbar. Denn

1. stellen sie dem Forscher oder der Forscherin jene „Linsen" oder theoretischen Perspektiven zur Verfügung, durch die er oder sie soziologisch relevante Phänomene überhaupt erst wahrnehmen und beschreiben kann, und
2. sind diese Konzepte gleichzeitig hinreichend „offen", so dass die Gefahr verringert wird, dass die Relevanzsetzungen der Befragten durch die vorgängigen Forscherhypothesen überblendet werden.

Heuristische Konzepte wie *„Rollenerwartungen"*, *„Situationsdefinitionen"*, *„Handlungsalternativen"* entsprechen den von BLUMER beschriebenen *sensitizing concepts*. Sie können zu Beginn einer Untersuchung als theoretische Matrix oder als theoretisches Raster verwendet werden, welches dann anhand empirischer Beobachtungen zunehmend „aufgefüllt" wird. Hierbei kann der Forscher oder die Forscherin, abhängig von ihrer eigenen theoretischen Orientierung und der Fragestellung der Untersuchung, die zentralen und leitenden Annahmen jeweils unterschiedlicher soziologischer Großtheorien als Heuristiken verwenden:

1. Wird die Situation pflegender Angehöriger unter einer *entscheidungstheoretischen* Perspektive untersucht, wird das Augenmerk des Forschers oder der Forscherin besonders auf den *Zielen* der Pflegepersonen, auf den subjektiv erwarteten persönlichen *Nutzen* und *Kosten* und auf den *Opportunitäten* und *Restriktionen*, die die Situation mit sich bringt, liegen. Der Forscher oder die Forscherin werden untersuchen, wie die Akteure ihre Situation kognitiv bearbeiten, wie sie Handlungskonsequenzen bewerten und welche Regeln sie bei der Auswahl von Handlungsalternativen anwenden.

2. Wenn ein *interaktionistischer* Ansatz als Heuristik verwendet wird, so wird der Fokus der Untersuchung die Situationsdefinitionen der Beteiligten betreffen und die Interaktionsprozesse zwischen den Beteiligten, durch die diese Situationsdefinitionen entstehen, ausgehandelt, bekräftigt, unterstützt, bekämpft, modifiziert oder verworfen werden.

3. Würde die theoretische Perspektive des Forschers oder der Forscherin eher von einem *rollentheoretischen* Ansatz bestimmt, so würden im Zentrum des Interesses die sozialen Normen stehen, die von den Beteiligten akzeptiert werden, ihre darauf beruhenden gegenseitigen Erwartungen und schließlich die Sanktionen, die eingesetzt werden, um Normen und Erwartungen durchzusetzen.

In allen diesen Fällen dienen abstrakte und empirisch wenig gehaltvolle Konzepte (aus Entscheidungstheorien, interaktionistischen Ansätzen oder Rollentheorien) als sensibilisierende Konzepte bzw. positive Heuristiken mit dem Ziel der Entwicklung empirisch gehaltvoller, bereichsspezifischer Aussagen. Der harte Kern von allgemeinen soziologischen Theorien fungiert dabei als „Achse" der Kategorienbildung bzw. als „theoretisches Skelett", zu dem das „Fleisch" empirisch gehaltvoller Beobachtungen (*Welche Opportunitäten und Restriktionen bringt die Situation mit sich? Wie wird die Definition der Situation in den Interaktionen der an der Pflege Beteiligten ausgehandelt? Welche Rollenerwartungen werden formuliert?*) hinzugefügt wird.

2.3 Die Integration theoretischen Vorwissens

Ein theoriengeleitetes Vorgehen in der qualitativen Forschung bedeutet also nicht die Formulierung von empirisch gehaltvollen, präzisen Hypothesen zu Beginn des Forschungsprozesses nach dem hypothetiko-deduktiven Modell (obwohl solche Hypothesen auch in der qualitativen Sozialforschung gelegentlich eine Rolle spielen können). In den meisten Fällen wäre ein hypothetiko-deduktives Vorgehen sogar kontraproduktiv, weil hierdurch die explorative, heuristische Funktion einer qualitativen Untersuchung verloren ginge.

Bei einer theoriegeleiteten qualitativen Untersuchung können vielmehr die soeben skizzierten vier Dimensionen des Vorwissens in unterschiedlicher

Weise zum Tragen kommen: Das Vorwissen kann mehr oder weniger explizit und mehr oder weniger theoretisch abstrakt sein, wobei Alltagswissen und Theoriewissen der ForscherInnen und der Akteure miteinander verknüpft werden können. Aus der Kombination von Ausprägungen der vier Dimensionen *Explikation, Herkunft, Theoretisierung* und *empirischer Gehalt* lassen sich eine Reihe von unterschiedlichen *theoretischen Wissensformen* ableiten, von denen vor allem die folgenden fünf Wissensformen eine große praktische Bedeutung für den qualitativen Forschungsprozess haben:

1. Empirisch nicht gehaltvolles Theoriewissen von ForscherInnen, d.h. allgemeine theoretische Konzepte, die als Heuristiken eine theoriegeleitete Beschreibung empirischer Sachverhalte ermöglichen: Konzepte wie *Handlungsziele, Situationsdefinitionen* oder *Rollenerwartungen.*
2. Empirisch gehaltvolles Alltagswissen von ForscherInnen, welches ihnen die Verständigung mit den Akteuren im Untersuchungsfeld ermöglicht: z. B. *Wissen über die rechtlichen Rahmenregelungen für häusliche Pflege im Sozialgesetzbuch.*
3. Empirisch gehaltvolles Alltagswissen von Akteuren: *Was bedeutet es, wenn ein pflegebedürftiger Mensch zum zehnten Mal eine bestimmte Frage wiederholt? Welche Folgen kann es haben, wenn eine bettlägerige Person längere Zeit nicht gewaschen wird?*
4. Empirisch gehaltvolles (sozialwissenschaftliches) Theoriewissen der Akteure: *„Laientheorien" der Pflegepersonen, mit denen das Verhalten der Betreuten erklärt wird.*
5. Empirisch gehaltvolles Theoriewissen von ForscherInnen: *Empirisch gehaltvolle Kategorien und Aussagen, im Idealfall eine Theorie über die Prozesse, die zur Übernahme von Verantwortung für einen hilfsbedürftigen Angehörigen führen.*

Im qualitativen Forschungsprozess werden die ersten vier Wissensformen miteinander verknüpft, um – als Ergebnis einer empirischen Untersuchung – zur fünften Wissensform zu gelangen. Der Forscher oder die Forscherin beginnt den Forschungsprozess einerseits mit allgemeinen und empirisch wenig gehaltvollen theoretischen Konzepten und andererseits mit Alltagswissen oder „alltagsnahem" Vorwissen. Solches alltagsnahes Vorwissen erlaubt dem Forscher oder der Forscherin, die untersuchten Situationen und Handlungen der Akteure zu *verstehen.* Im Idealfall erhält die Forscherin im Verlauf ihrer Untersuchung einen immer besseren Zugang zum empirisch gehaltvollen Alltags- und Theoriewissen der Akteure. Die Verwendung heuristischer Theoriekonzepte hilft dabei, das im Forschungsprozess langsam wachsende empirisch gehaltvolle Wissen auf eine theoretische Ebene zu heben, d.h. die untersuchten Situationen und Handlungen der Akteure auch *theoretisch* zu verstehen, einzuordnen und zu erklären. Das Ziel des qualitativen Forschungsprozesses ist erreicht, wenn durch eine Verbindung von heuristischen Theoriekonzepten und Alltagswissen empirisch gehaltvolle soziologische

Kategorien und Aussagen über das untersuchte Handlungsfeld formuliert werden konnten.

In den folgenden Kapiteln werden wir anhand von Beispielen aus empirischen Forschungsprojekten beschreiben, wie theoretisches Vorwissen in unterschiedlichen Phasen des Forschungsprozesses genutzt werden kann und zur Formulierung empirisch gehaltvoller Konzepte, Kategorien und Typen führt. Theoretisches Vorwissen ist dabei u.a. von Bedeutung für:

1. das *qualitative Sampling* (Kapitel 3): Zentrales Kriterium für die Auswahl der untersuchten Fälle in einer qualitativen Studie ist nicht deren „Repräsentativität", sondern die *theoretische Relevanz* des jeweils ausgesuchten Falls, die nur nach Maßgabe von theoretischen Überlegungen bestimmt werden kann.

2. die Strukturierung und Kategorisierung des Datenmaterials (*qualitative Kodierung*), bei der das Alltagswissen und das theoretische Wissen des Untersuchers oder der Untersucherin bei der Entwicklung von Kategorien eine zentrale Rolle spielt (Kapitel 4),

3. die *Konstruktion von Subkategorien und Dimensionen* (Kapitel 4), die u.a. für eine spätere Typenbildung von besonderer Bedeutung sind, weil mit Hilfe dieser Kategorien nicht nur Ähnlichkeiten und Unterschiede zwischen einzelnen Fällen, sondern vor allem auch zwischen den zu bildenden Typen erfasst werden können,

4. die *Bildung von Typen und Typologien* (Kapitel 5): Die Analyse inhaltlicher Sinnzusammenhänge innerhalb und zwischen den gebildeten Typen erfolgt oft nur auf der Grundlage von bekannten theoretischen Konzepten, die durch diese Analysen dabei modifiziert und ergänzt werden können.

Eine gelungene qualitative Untersuchung zeichnet sich also durch eine beständige Integration von empirischen und theoretischen Arbeitsschritten aus (siehe KLUGE 1999, S. 68 ff., 86 ff.; KELLE 1997, S. 353 ff.). Nur durch ein theoriegeleitetes qualitatives Vorgehen kann gewährleistet werden, dass die Merkmale und Kategorien, die die empirische Analyse strukturieren, auch für die Forschungsfrage relevant sind. Dabei müssen die verwendeten theoretischen Konzepte allerdings „heuristisch brauchbar" sein, d.h. sie müssen zum Material passen, so dass die Konstruktion von empiriefernen Konzepten, die den Daten aufgezwungen werden, vermieden wird. Wie solche Konzepte gefunden werden können, werden wir ausführlich in Kapitel 4 darstellen. Die Bildung von Typen (Kapitel 5) kann dann zum Bindeglied werden zwischen Empirie und Theorie und damit zur Grundlage einer empirisch begründeten Theoriebildung.

Kapitel 3
Verfahren der Fallkontrastierung I:
Qualitatives Sampling

Fragen der Stichprobenziehung werden in der qualitativen Sozialforschung oftmals salopp beiseite geschoben (FLECK 1992; KELLE 2008a, S. 140 ff., MERKENS 2008, S. 290). In manchem qualitativen Forschungsprojekt herrscht gar die Auffassung vor, dass Probleme des *sampling* nur in der quantitativen Sozialforschung von Belang seien, wo es darum gehe, repräsentative Stichproben zu ziehen, ein Ziel, das für qualitative Studien (wo Stichproben gezogen werden, deren Umfang selten mehr als einige Dutzend Fälle umfasst) ohnehin nicht erreichbar sei.

Hierbei wird in der Regel übersehen, dass die Suche nach „statistischer Repräsentativität" auch in der quantitativen Forschung keinen Selbstzweck, sondern nur eines von verschiedenen *Mitteln* darstellt, um die methodologische Forderung nach einer *möglichst unverzerrten Stichprobe* zu erfüllen. Auch in der quantitativen Forschung wird dabei nicht immer die Ziehung einer repräsentativen Stichprobe angestrebt: So benötigen Studien, die nicht die Sozialberichterstattung, sondern die Konstruktion und Überprüfung von Theorien zum Ziel haben, nur im eingeschränkten Sinn repräsentative Stichproben (vgl. ZETTERBERG 1965). Wenn etwa Angehörige bestimmter sozialer Gruppen systematisch miteinander verglichen werden sollen, kann das quantitative Verhältnis dieser Gruppen in der Bevölkerung vernachlässigt werden. Statt durch eine Repräsentativerhebung kann die Ziehung einer „disproportional geschichteten" Stichprobe so erfolgen, dass Fälle aus den Untersuchungsgruppen nicht dem genauen prozentualen Anteil dieser Gruppen in der Population gezogen werden. In jedem Fall aber müssen theoretisch bedeutsame Verzerrungen der Stichprobe vermieden werden, d.h. es muss sichergestellt werden, dass TrägerInnen *theoretisch relevanter Merkmalskombinationen* in der Stichprobe hinreichend vertreten sind. Soll etwa das zahlenmäßige Verhältnis von Männern und Frauen im akademischen Bereich untersucht werden, so ist es von großer Bedeutung für die Untersuchung, dass VertreterInnen aller Karriereebenen und Statusgruppen in die Stichprobe gelangen. Merkmale, die für die Fragestellung nicht relevant sind (etwa die Haarfarbe), können dahingegen vernachlässigt werden.

Ausschlaggebend für die Güte einer Stichprobe in der quantitativen Forschung ist also nicht Repräsentativität bezogen auf alle denkbaren Merkmale, sondern die Abwesenheit von Verzerrungen in Bezug auf für die Forschungsfragestellung bedeutsamen Merkmale. Durch ein geregeltes Ziehungsverfahren wird sichergestellt, dass alle relevanten Merkmalskombinationen zahlenmäßig hinreichend berücksichtigt werden. Repräsentative Stichproben aus der Bevölkerung erfüllen solche Kriterien in vielen (nicht in allen!) Fällen besonders gut.

In der qualitativen Sozialforschung steht man bei der Auswahl von Fällen vor einem analogen Problem: *Wie kann sichergestellt werden, dass für die Untersuchungsfragestellung und das Untersuchungsfeld relevante Fälle in die Studie einbezogen werden?* Und auch hier kann es zu Verzerrungen kommen, wenn nämlich Personen, soziale Situationen und Untersuchungsfelder, die für die Fragestellung relevant sind, gar nicht in den Blick kommen. So bieten dann Studien, in denen einseitig Fälle ausgewählt wurden, eine offene Flanke für Kritik: Will man beispielsweise das Engagement junger Väter in der Kindererziehung untersuchen, so ist man gut beraten, qualitative Interviews nicht nur mit Angehörigen von Berufen mit übermäßiger zeitlicher Belastung (wie bspw. freiberuflichen Rechtsanwälten, Managern, Politikern etc.) zu führen. Sonst bleibt es unklar, was durch die qualitative Studie untersucht wird: Ist es das *Geschlechterverhältnis* und seine Auswirkungen auf familiäre Arbeitsteilung oder sind es vielmehr bestimmte *Berufskulturen*?

Wird in einer biographischen Studie die Bedeutung von Naturerlebnissen in der Kindheit für ein späteres Umweltengagement untersucht, so darf die Untersuchungsgruppe nicht etwa nur Naturschutz- und UmweltaktivistInnen umfassen. Denn so könnten die ForscherInnen kaum eine Antwort finden auf die mögliche Kritik, dass „positive Naturerfahrungen" konstitutiv für die Konstruktion von Kindheitsbiographien nicht nur von späteren UmweltaktivistInnen, sondern für alle Menschen sind.

Die Vermeidung von Verzerrungen bzw. der Einbezug von relevanten Fällen ist also zentrales Kriterium der Fallauswahl sowohl in der quantitativen als auch in der qualitativen Sozialforschung. In der quantitativen Sozialforschung bemüht man sich, dieses Postulat durch die Ziehung von *Zufallsstichproben* zu erfüllen. Hierdurch soll sichergestellt werden, dass die Stichprobe hinsichtlich *möglichst vieler*, auch *unbekannter* Merkmale unverzerrt ist. Ein solches Vorgehen ist für die qualitative Sozialforschung nun allerdings meistens ungeeignet: Eine intensive interpretative Analyse des Datenmaterials lässt sich fast immer nur mit kleinen Stichproben realisieren. Bei einer *zufälligen* Ziehung der Fälle würden hier die *zufälligen Stichprobenfehler*, die bei großen Samples kaum ins Gewicht fallen, zu folgenschweren Verzerrungen führen. Der Versuch, hier durch Zufallsauswahlen „Repräsentativität" herstellen zu wollen, könnte also geradezu das Gegenteil des gewünschten Effekts zur Folge haben: Es würde durch eine Zufallsziehung eher unwahrscheinlich, dass solche Personen, Situationen oder institutionellen

Felder untersucht werden, die für das Forschungsproblem tatsächlich bedeutsam sind.

Stattdessen müssen hier Verfahren einer *bewussten* (d.h. nicht zufälligen!), *kriteriengesteuerten Fallauswahl* und *Fallkontrastierung* eingesetzt werden, bei denen sichergestellt wird, dass für die Fragestellung relevante Fälle berücksichtigt werden. Im Folgenden werden wir drei der Strategien, bei der die Untersuchungseinheiten nach bestimmten Kriterien systematisch ausgewählt werden, ausführlich beschreiben:

1. Die Fallkontrastierung anhand von *Gegenbeispielen*, ein Verfahren, welches von FeldforscherInnen der *Chicago School* eingesetzt und ausgearbeitet wurde: Dabei wird eine Hypothese durch die systematische Suche nach empirischer Gegenevidenz sukzessive entwickelt und modifiziert.

2. Die von GLASER und STRAUSS vorgeschlagene Strategie des *"theoretical sampling"*, bei der die Kriterien für die Auswahl des jeweils nächsten Falls nach Maßgabe der im Forschungsprozess entstehenden Hypothesen und Theorien definiert werden sollen.

3. Die Konstruktion mehr oder weniger elaborierter *„qualitativer Stichprobenpläne"*, die zu Beginn einer qualitativen Studie vor der Datensammlung festgelegt werden.

Hierbei muss man im Auge behalten, dass die gezogenen Fälle nicht immer und unbedingt Personen sind: Je nach Fragestellung kann es sich bei den ausgewählten Fällen auch bspw. um Organisationen (GLASER, STRAUSS 1968), um Beobachtungsorte, Dinge, Ereignisse (SCHATZMAN, STRAUSS 1973, S. 40 ff.) oder um Dokumente (CHARMAZ 2000, S. 519) handeln.

3.1 Die Suche nach Gegenbeispielen

Die Entwicklung einer Strategie der Fallauswahl, bei der die Suche nach Gegenbeispielen im Mittelpunkt stand, erfolgte durch eine Reihe von qualitativen Untersuchungen, die von AutorInnen der *„Chicagoer Schule"* durchgeführt wurden. Aufbauend auf die eher allgemeinen Überlegungen Florian ZNANIECKIs über die Bedeutung von Gegenbeispielen für die (Weiter)entwicklung von Hypothesen (ZNANIECKI 1934) lieferte der Sozialpsychologe Alfred LINDESMITH in seiner erstmals 1947 publizierten Arbeit über Opiatabhängige (LINDESMITH 1947/1968) eine detaillierte Beschreibung für eine Forschungsstrategie, bei der man sich zu einer allgemeinen Theorie über einer Gegenstandsbereich anhand von „entscheidenden Fällen" (*crucial cases*) vorarbeitet. Theorien werden dabei in Auseinandersetzung mit empirischem Material anhand von Gegenbeispielen sukzessive (weiter)entwickelt. Diesen Prozess begann LINDESMITH in seiner Studie mit einer ersten *tentati-*

ven und vorläufigen *Arbeitshypothese* auf der Basis von Interviews mit seinen Informanten (50 Opiat- und Heroinabhängigen). Dabei lautete seine erste vorläufige Hypothese (die sich im nachhinein als falsch herausstellte), dass einerseits das *Wissen* um die Wirkungen des Opiatgebrauchs und andererseits der *Zeitraum*, in welchem Erfahrungen mit der Droge gemacht wurden, die entscheidenden Faktoren der Suchtentstehung sind.

Mit Hilfe dieser Hypothese sollte erklärt werden, warum manche Personen nach kurzer Gewöhnungszeit opiatabhängig werden, während andere (zumeist PatientInnen, die ohne ihr Wissen mit Morphium behandelt wurden), auch nach länger dauerndem Drogenkonsum kein Suchtverhalten entwickelten. Bereits nach einigen weiteren Interviews fand LINDESMITH Fälle, die dieser ersten Arbeitshypothese widersprachen. Ein Interviewpartner, ein Arzt, war längere Zeit wissentlich mit einem Morphiumpräparat behandelt worden, ohne Suchtverhalten zu entwickeln. Aufgrund der Überlegung, dass Entzugserscheinungen unterschiedlich wahrgenommen werden können, formulierte LINDESMITH eine modifizierte Fassung der Ursprungshypothese, die aufgrund weiterer widersprechender Fälle noch mehrfach umformuliert wurde. In der letztendlich von ihm formulierten Theorie geht LINDESMITH davon aus, dass körperliche Gewöhnung (*„habituation"*) und Entzugssymptome nur dann zur Sucht führen, wenn ein Individuum einen sinnvollen Zusammenhang zwischen körperlichen Vorgängen und dem Drogenkonsum herstellen kann und deswegen die Droge als Mittel zur Linderung von Entzugssymptomen betrachtet. Dies ist bei der Morphiumgabe aus medizinischen Gründen oft nicht der Fall, so dass dort schwerwiegende körperliche Entzugssyndrome auftreten können, ohne dass das Bedürfnis nach der Droge geweckt wird. Die psychischen Vorgänge, die die Entwicklung von Suchtverhalten begleiten, sind dabei eng verknüpft mit einem individuellen Enkulturationsprozess, bei dem der Drogennutzer seine neue Identität als „Süchtiger" konstruieren muss. Die Entwicklung einer solchen Identität verbindet sich in der Regel mit der Tendenz, alle psychischen und körperlichen Missstimmungen als Entzugserscheinungen zu deuten, woraus sich die hohe Rückfallquote nach körperlichen Entzugskuren erklärt.

Die Theorieentwicklung durch eine schrittweise Modifikation von vorläufigen Hypothesen gehorchte zwei Prinzipien:

1. Aufgrund von *crucial cases*, die eine systematische Möglichkeit zur Falsifikation der ersten Hypothesen boten, wurde eine Modifikation und Revision theoretischer Annahmen möglich. Oftmals stellten diese „entscheidenden Fälle" ungewöhnliche und vom Durchschnitt abweichende Fälle dar.
2. Alle wesentlichen Merkmale des Suchtverhaltens sollten im Rahmen eines einheitlichen theoretischen Bezugsrahmens erklärt werden. Dass dieses Ziel erreicht worden war, zeigte sich für LINDESMITH daran, dass es ihm gelungen war, Eigen-

schaften des Suchtverhaltens, die aus anderen theoretischen Perspektiven verwirrend und paradox wirkten, durch seine eigene Theorie zu erklären, etwa den Umstand, dass Opiatsüchtige ihr Suchtverhalten nicht aufgaben, nachdem die zu Beginn aufgetretenen euphorisierenden Effekte (die von Laien in der Regel überschätzt werden) nachgelassen hatten.

LINDESMITHs Methode der systematischen Suche nach Gegenbeispielen wurde von seinem Schüler Donald CRESSEY in einer Studie über die Sozialpsychologie der finanziellen Unterschlagung weiterentwickelt (CRESSEY 1950, 1971). Die Konstruktion eines theoretischen Modells zur Erklärung eines sozialen Phänomens (in diesem Fall: Veruntreuung) umfasst, so CRESSEY, die folgenden Schritte:

1. Als erstes muss eine *ungefähre Definition* des untersuchten Phänomens formuliert werden.
2. Nach der Definition des Untersuchungsgegenstandes muss eine *hypothetische Erklärung* für das untersuchte Phänomen gefunden werden.
3. Anschließend wird ein Fall im Licht dieser Hypothese untersucht, um festzustellen, ob die Hypothese in diesem Fall den empirischen Gegebenheiten entspricht. Ist dies nicht der Fall, muss entweder die Hypothese reformuliert oder das zu erklärende Phänomen umdefiniert werden, so dass der untersuchte Fall ausgeschlossen wird. Dabei muss die neue Definition präziser sein als die vorherige.

Schritt drei wird solange fortgesetzt, bis keine der Hypothese widersprechenden Fälle mehr entdeckt werden können. Auf diese Weise könne nach der Untersuchung einer kleinen Zahl von Fällen, so CRESSEY, *praktische Sicherheit* erreicht werden. Die Entdeckung eines einzigen negativen Falles durch den Untersucher oder einen anderen Forscher kann jedoch bisherige theoretische Erklärungen widerlegen und deren Reformulierung erfordern. Dieser Vorgang, bei dem Fälle untersucht, das untersuchte Phänomen umdefiniert oder die Hypothese immer wieder umformuliert wird, wird dabei solange fortgeführt, bis eine allgemeine theoretische Erklärung für das Phänomen gefunden wird, wobei jedes Gegenbeispiel eine Umdefinition des Phänomens oder Umformulierung der Hypothese nach sich ziehen soll (vgl. CRESSEY 1971, S. 16).

In seiner Untersuchung zur Unterschlagung musste etwa CRESSEY schnell seine ersten (aus der Literatur entnommenen) Arbeitshypothesen – wonach etwa eine finanzielle Vertrauensposition für die betroffenen Akteure eine ständige „Versuchungssituation" darstellt, die in einer finanziellen Notsituation kriminelles Handeln provoziert – fallenlassen. In vielen Fällen berichteten die Interviewpartner nämlich, dass sie bereits mehrfach vor ihrer ersten Veruntreuung schwerwiegende Geldsorgen gehabt hatten, ohne zu dieser Zeit die Möglichkeit einer Unterschlagung überhaupt nur in Betracht zu ziehen. Eine weitere Beobachtung führte zu der entscheidenden Modifikation der ersten Hypothese: Die Existenz *nicht-mitteilbarer finanzieller Probleme* erwies sich als eine notwendige Bedingung für die Veruntreuung anvertrauten Geldes. Aber auch dieser Umstand reichte zur vollständigen Erklärung nicht aus, d.h. es wurden wiederum Fälle entdeckt, die im Widerspruch standen zu der nun umformulierten Hypothese. Einige Interviewte schilderten, dass sie bereits lange Zeit vor ihren Unterschlagungen sowohl nicht-mitteilbare finanzielle Probleme als auch die Mittel besessen hatten, um sich das ihnen anvertraute Geld anzueignen. Nach und nach stellte es sich heraus, dass alle Interviewten, bevor sie mit der Veruntreuung begonnen hatten, bestimmte kognitive Umdeutungen vorgenommen hatten, um ein kohärentes Bild von ihrer Identität aufrechtzuerhalten. Geschäftsleute, die fremdes Geld treuhänderisch verwalteten, neigten zu der Rationalisierung, sie würden das Geld nur für eine kurze Zeit „ausleihen". In der Überzeugung, sie könnten das Geld jederzeit zurückgeben, hielten sie ihr Verhalten für den Teil eines (zwar nicht völlig korrekten, aber tolerierbaren) üblichen Geschäftsgebarens. Abgestützt wurde diese Einstellung durch Deutungsmuster, wonach die kurzfristige Benutzung anvertrauten Geldes für fremde Zwecke eine gängige Praxis darstellen würde. Den Akteuren gelang es auf diese Weise, ihre Identität als vertrauenswürdiges Gesellschaftsmitglied, d.h. die Vorstellung von sich als respektable und gesetzestreue Person, mit der Tatsache in Einklang zu bringen, dass sie fremdes Geld an sich nahmen und für sich verwendeten. Diese Rationalisierungen dienten, so CRESSEY, nicht nur einer nachträglichen Rechtfertigung, sondern waren deren notwendige Bedingung.

Die von LINDESMITH und CRESSEY vorgeschlagene Samplingstrategie läßt sich folgendermaßen zusammenfassen:

1. Ein Forschungsgegenstand, d.h. ein zu erklärendes Problem, wird definiert und eine vorläufige und tentative Hypothese zur Erklärung des Problems formuliert. Diese Hypothese muss einen genügend hohen Grad an Falsifizierbarkeit aufweisen, um mit dem empirischen Datenmaterial in Konflikt zu geraten.

2. Danach werden *entscheidende Fälle* gesucht, Fälle, in denen die Wahrscheinlichkeit hoch ist, dass sie Gegenevidenz zur Ausgangshypothese erzeugen. Werden Gegenbeispiele entdeckt, die sich mit der Ausgangshypothese nicht in Einklang bringen lassen, muss diese umformuliert und modifiziert werden. Die auf diese Weise modifizierte Hypothese muss jedoch präziser sein als ihre Vorgängerin und so formuliert, dass sie weiterhin mit dem Datenmaterial in Konflikt geraten kann. Dieser Vorgang wird solange wiederholt, bis keine Gegenbeispiele mehr gefunden werden. Hierbei müssen pragmatische Abbruchkriterien festgelegt werden: Da keine Theorie je endgültig verifiziert werden kann, kann dieser Vorgang jederzeit (von anderen UntersucherInnen, mit anderem Material) wieder aufgenommen werden, wobei jedes neu entdeckte Gegenbeispiel eine Veränderung der Theorie notwendig macht.

LINDESMITH und CRESSEY verfolgten damit eine „falsifikationistische" Forschungsstrategie im Sinne von KARL POPPERS wissenschaftstheoretischem Ansatz, gingen jedoch über den in Standardlehrbüchern empirischer Sozialforschung dargestellten hypothetiko-deduktiven Ansatz hinaus: Denn das Ziel der empirischen Untersuchung war nicht nur die Überprüfung von Hypothesen mit dem Ziel einer „Bewährung" oder „Verwerfung", sondern deren empirisch begründete Weiterentwicklung anhand entscheidender Fälle.

3.2 Theoretical Sampling

LINDESMITH und CRESSEY konnten die von ihnen vorgeschlagene Methode der Fallkontrastierung nur deswegen in dieser Form einsetzen, weil sie bereits am Anfang theoretisch gut abgeleitete und empirisch gehaltvolle erklärende Hypothesen formuliert hatten. LINDESMITHs erste tentative Hypothese entsprach der zeitgenössischen medizinischen Lehrmeinung zur Entstehung der Opiatsucht. CRESSEY hatte seine erste Arbeitshypothese der sozialwissenschaftlichen Forschungsliteratur entnommen (CRESSEY 1971, S. 27). Damit lagen bereits Hypothesen vor, die genügend empirischen Gehalt besaßen, um mit dem Datenmaterial in Konflikt geraten zu können. Wie bereits in Kapitel 2 ausführlich dargelegt wurde, sind empirisch gehaltvolle Hypothesen jedoch nur *eine* Form theoretischen Vorwissens, das im qualitativen Forschungsprozess eine Rolle spielen kann. Nimmt das theoretische Vorwissen eher die Form empirisch nicht gehaltvoller, heuristischer Konzepte an, so ist LINDESMITHs und CRESSEYs falsifikationistische Strategie nur noch eingeschränkt einsetzbar. Denn zu empirisch gehaltlosen Konzepten lassen sich trivialerweise nicht empirische Gegenbeispiele suchen und finden.

In der Praxis qualitativer Feldforschung ist diese Strategie nur bedingt einsetzbar, weil ForscherInnen oft mit nur vagen Ausgangshypothesen in das empirische Feld hineingehen, wobei die Hypothesen erst sukzessive in Auseinandersetzung mit Datenmaterial empirischen Gehalt erlangen.

Welche Strategie einer kriteriengesteuerten Fallauswahl und Fallkontrastierung kann verwendet werden, wenn zu Beginn keine empirisch gehaltvollen Hypothesen über den Forschungsgegenstand existieren? Barney GLASER und Anselm STRAUSS haben in ihrer gemeinsamen Studie über die *„Interaktion mit Sterbenden"* (GLASER, STRAUSS 1968, 1974), auf der u.a. auch ihre methodologische Arbeit *„The Discovery of Grounded Theory"* beruht, eine Methode zur systematischen Suche nach Vergleichsgruppen vorgestellt, *theoretical sampling* genannt, welche in solchen Fällen einsetzbar ist. Fallauswahl und Analyse des Datenmaterials erfolgen gleichzeitig und beeinflussen sich gegenseitig:

„Theoretisches Sampling meint den auf die Generierung von Theorie zielenden Prozess der Datenerhebung, währenddessen der Forscher seine Daten parallel erhebt, kodiert und analysiert sowie darüber entscheidet, welche Daten als nächste erhoben werden sollen und wo sie zu finden sind." (GLASER, STRAUSS 1967/ 1998, S. 53)

Die Fälle, mit deren Untersuchung man beginnt, sollen dabei nicht auf der Basis eines vorher formulierten theoretischen Rahmenkonzepts, sondern auf der Grundlage einer allgemeinen soziologischen Perspektive und bestimmter lokaler Konzepte des untersuchten Problemfeldes ausgewählt werden. Theoretische Kategorien, die aufgrund der ersten Fälle entwickelt werden, leiten dann die Auswahl weiterer Fälle oder Untersuchungsgruppen an. Weil die Auswahlkriterien, die die theoretische Relevanz der ausgewählten Einheiten betreffen, aus den Kategorien und Hypothesen der sich entwickelnden Theorie abgeleitet werden, können sie permanent verändert werden.

Beim *theoretical sampling* werden Untersuchungseinheiten miteinander verglichen, die hinsichtlich theoretisch bedeutsamer Merkmale entweder *relevante Unterschiede* oder *große Ähnlichkeiten* aufweisen. GLASER und STRAUSS sprechen dabei von den *Methoden der Minimierung („minimization")* und *Maximierung („maximization")* von Unterschieden.

Bei ihrer Untersuchung zu Interaktionsprozessen zwischen sterbenden PatientInnen und Krankenhauspersonal wurde bei der Auswahl medizinischer Einrichtungen zuerst das Kriterium der Bewusstheit der Patienten *minimiert*: Anfangs wurden solche Einrichtungen untersucht, in denen das Bewusstsein von PatientInnen über ihren bevorstehenden Tod nicht vorhanden oder nur minimal ausgeprägt waren, wie neurochirurgische oder Frühgeborenenstationen. Danach wurden Intensivstationen untersucht, die hinsichtlich der Todeserwartung der PatientInnen gegenüber den zuerst beforschten Einrichtungen einen maximalen Unterschied aufwiesen. Schließlich wurden Untersuchungseinheiten gesucht, die Intensivstationen gegenüber im Hinblick auf Todeserwartung einen minimalen und hinsichtlich der zeitlichen Dauer der Sterbensverlaufskurve einen maximalen Unterschied aufwiesen, wie Krebsstationen, in denen ausgeprägte Todeserwartungen vorherrschen und der Sterbeprozess oft sehr lange dauert. Beim *theoretical sampling* werden also, ähnlich wie bei einem experimentellen Vorgehen, bestimmte Eigenschaften eines sozialen Phänomens konstant gehalten, während andere nach bestimmten Kriterien systematisch variiert werden.

Die *Minimierung* von Unterschieden erhöht die Wahrscheinlichkeit, ähnliche Daten zu einem bestimmten Thema oder einer bestimmten Kategorie zu finden und dadurch deren theoretische Relevanz zu bestätigen. Durch die *Maximierung* von Unterschieden wird dahingegen die Wahrscheinlichkeit erhöht, Heterogenität und Varianz im Untersuchungsfeld abzubilden. Die Kriterien für die Maximierung und Minimierung werden jedoch nicht zu Beginn der Untersuchung festgelegt, sondern können jederzeit dann modifiziert werden, wenn während der Auswertung neue theoretische Begriffe und Aussagen entwickelt werden. Die Suche nach Untersuchungseinheiten wird also zu jedem Zeitpunkt des Forschungsprozesses von der entstehenden Theorie angeleitet (GLASER, STRAUSS 1967/1998, S. 66 f.). Werden neue Hypothesen formuliert, kann der Forscher oder die Forscherin auch zu solchen Fällen zurückkehren, die bereits untersucht worden sind (vgl. CHARMAZ 2000, S. 519), so dass ständig eine größere Anzahl von Gruppen miteinander verglichen wird. Beim *theoretical sampling* geht es jedoch keinesfalls primär darum, die Fallzahl zu erhöhen: „*(...) the aim of this sampling is to refine ideas, not to increase the size of the original sample.*" (ebd.)

Der Prozess des theoretischen Sampling wird dann beendet, wenn eine „*theoretische Sättigung*" erreicht ist, d.h. wenn keine theoretisch relevanten Ähnlichkeiten und Unterschiede mehr im Datenmaterial entdeckt werden können. Theoretische Sättigung erfordert stets die Ausschöpfung der maximalen Variation von Untersuchungsgruppen – nur wenn eine genügende Anzahl unterschiedlicher Gruppen innerhalb des Gegenstandsbereiches, der der Reichweite der Theorie entspricht, untersucht wurde, ist die Methode des theoretischen Sampling angemessen eingesetzt worden. Dies ist natürlich auch abhängig von Gegenstandsbereich und Fragestellung, oft erweist es sich im Lauf der empirischen Studie als notwendig, Fragestellung und Gegenstandsbereich nachträglich einzugrenzen, falls auch beim fortgesetzten theoretical sampling keine theoretische Sättigung eintritt. Kriterium hierfür ist vor allem die *Integriertheit* (d.h. interne Konsistenz) und die *Dichte* (d.h. der empirische Gehalt) der anhand des Materials entwickelten theoretischen Konzepte und Aussagen. Ob und wann diese Kriterien erfüllt sind, ist allerdings nicht immer einfach zu entscheiden und verschiedene ForscherInnen können zu unterschiedlichen Schlüssen darüber gelangen, ob zu einem bestimmten Punkt im Forschungsprozess schon theoretische Sättigung erreicht wurde. Wie eine verfrühte Beendigung („premature closure") des sampling verhindert werden kann, wird in der Literatur kontrovers diskutiert (vgl. CHARMAZ 2006, S. 113 f.). Ob durch die Sammlung zusätzlicher Daten „keine neuen theoretischen Einsichten" (ebd.., S. 113) mehr angeregt werden und damit Sättigung erreicht wird, ist schließlich nicht nur abhängig von den Daten, sondern auch von Auffassungsvermögen und theoretischer Sensibilität der Forscherin.

3.3 Qualitative Stichprobenpläne

Beim *theoretical sampling* erfolgt die Fallauswahl parallel zur Analyse des Datenmaterials anhand zentraler Kategorien der sich entwickelnden Theorie. Dieses Vorgehen erfordert ein offenes Untersuchungsdesign, bei dem nicht zu Beginn ein Stichprobenplan (also die Kriterien für die Fallauswahl und die endgültige Stichprobengröße) und die Dauer des Erhebungsprozesses festgelegt werden. *Theoretical sampling* ist deswegen besonders dann sinnvoll, wenn den Untersuchern keine Orientierungshypothesen über den untersuchten Gegenstandsbereich zur Verfügung stehen, wie es etwa häufig in der ethnographischen Feldforschung und bei explorativen Studien der Fall ist.

Eine kriteriengeleitete Fallauswahl kann jedoch auch auf andere Weise realisiert werden: Wenn die UntersucherInnen über Kenntnisse oder Arbeitshypothesen über relevante Einflussfaktoren im untersuchten Feld verfügen, kann durch eine *a priori* Definition von Auswahlmerkmalen sichergestellt werden, dass TrägerInnen bestimmter theoretisch relevanter Merkmalskombinationen im qualitativen Sample vertreten sind. Im Unterschied zum *theoretical sampling* werden hierbei Stichprobenumfang und Ziehungskriterien vor der Erhebung festgelegt und die Daten erst nach der Erhebung analysiert. Eine solche Strategie der Fallauswahl, bei der Untersuchungssituationen, Zeitpunkte, Untersuchungsorte und Personen *vor der* Feldphase festgelegt werden – in der Literatur manchmal auch als „selektives Sampling" (*selective sampling*) (SCHATZMAN, STRAUSS 1973, S. 38 ff.) bezeichnet – wird in der Forschungspraxis recht häufig angewendet (vgl. etwa BRYMAN 1988, S. 136 f.; FRETER, HOLLSTEIN, WERLE 1991; DIETZ u.a. 1997, S. 49 ff.; HEINZ u.a. 1991, S. 19 ff; WITZEL, HELLING, MÖNNICH 1996; GEISSLER, OECHSLE 1996, S. 42 ff.; OECHSLE, KNAUF, MASCHETZKE, ROSOWKSI 2008). Es müssen dann vor der Datenerhebung Festlegungen getroffen werden über

1. relevante *Merkmale* für die Fallauswahl,
2. *Merkmalsausprägungen* und
3. die *Größe* des qualitativen Samples.

Die für die Fallauswahl relevanten *Merkmale* müssen anhand der Untersuchungsfragestellung, anhand *theoretischer Vorüberlegungen* und anhand des Vorwissens über das Untersuchungsfeld bestimmt werden.

In einer Untersuchung über die Situation pflegender Angehöriger wird es sinnvoll sein, das Merkmal *„Pflegestufe"* zu berücksichtigen, denn die zeitlichen, körperlichen und psychischen Belastungen der Pflegenden sind im hohen Maße von der Pflegestufe abhängig, in die die pflegebedürftigen Angehörigen vom *„Medizinischen Dienst der Krankenkassen"* eingestuft werden. Von Bedeutung könnte weiterhin auch das *Verwandschaftsverhältnis* zwischen Pflegeperson und den zu pflegenden Angehörigen sein. Der qualitative Stichprobenplan müsste dann so angelegt sein, dass Pflegende verschiedener Pflegestufen erfasst werden und unterschiedliche Arten verwandtschaftlicher Beziehungen (*Tochter – Mutter, Ehemann – Ehefrau, Schwiegertochter – Schwiegervater,* ...) zwischen den Pflegepersonen und den Gepflegten in der Stichprobe vertreten sind.

In einer Untersuchung über berufsbiographische Handlungsstrategien junger FacharbeiterInnen (WITZEL, HELLING, MÖNNICH 1996; HEINZ u.a. 1991) wurden einerseits Merkmale wie *„Beruf", „Geschlecht"* oder *„Herkunftsort"* als Kriterien für die Fallauswahl herangezogen: Auf diese Weise sollten typische Männer- und Frauenberufe, Berufe aus dem gewerblich-technischen Bereich und solche aus dem kaufmännischen Bereich miteinander kontrastiert werden. Gleichzeitig kann das Merkmal *„gute bzw. schlechte Arbeitsmarktbedingungen"* variiert werden, indem junge FacharbeiterInnen aus einer Region mit guten Arbeitsmarktchancen mit solchen verglichen werden können, die in ihrer Heimatregion mit ungünstigen Arbeitsmarktbedingungen konfrontiert sind. Schließlich wurde die Art des *Übergangs* von der Schule zur betrieblichen Ausbildung (Ist ein *direkter Übergang* gelungen oder gab es Phasen der *Arbeitslosigkeit?*) und die *Verbleibsmöglichkeit* im Betrieb berücksichtigt (Wurde die *Übernahme* des Auszubildenden nach Abschluss der Lehre in Aussicht gestellt oder nicht?).

Klassische soziodemographische Merkmale wie *Geschlecht, Beruf, Alter, Bildungsabschluss* oder *Schichtzugehörigkeit* spielen oft eine wichtige Rolle bei der Konstruktion eines qualitativen Stichprobenplans. Das liegt daran, dass solche Merkmale die sozialstrukturellen Handlungsbedingungen abbilden, mit denen die Akteure konfrontiert sind. Mit der Zugehörigkeit zu einem bestimmten Geschlecht, einer bestimmten Altersgruppe bzw. „Kohorte" oder einer bestimmten Schicht verbinden sich jeweils spezifische Ressourcen und soziokulturell akzeptierte Handlungsziele sowie spezifische Chancen und Risiken der Lebensgestaltung. Einfache soziodemographische Merkmale können also in der Regel als Indikatoren für unterschiedliche soziale Situationen mit ihren spezifischen Opportunitäten und Restriktionen dienen. Durch die Konstruktion eines qualitativen Stichprobenplans soll dann sichergestellt werden, dass die wesentlichen sozialstrukturellen Kontextbedingungen, die für das untersuchte Handlungsfeld relevant sind, bei der Auswahl von Untersuchungseinheiten Berücksichtigung finden. Hierbei ist es oft sinnvoll, auf quantitative Forschungsergebnisse zurückzugreifen: Daten aus amtlichen Statistiken, Ergebnisse aus quantitativ orientierten sozialwissenschaftlichen Studien, aber auch eigene quantitative Voruntersuchungen können eingesetzt werden, um die unterschiedlichen Gelegenheitsstrukturen zu identifizieren, mit denen die Akteure mit unterschiedlichen Merkmalsausprägungen konfrontiert sind.

Wird ein Stichprobenplan für eine qualitative Untersuchung zur Situation pflegender Angehöriger konstruiert, so kann hier auf sozialstatistische Informationen über die

Personen zurückgegriffen werden, die ihre Angehörigen pflegen – dies sind in der Mehrzahl Frauen, die (als Ehefrau, Tochter oder Schwiegertochter) in einem ehelichen oder engen verwandschaftlichen Verhältnis zur gepflegten Person stehen, wobei die Altersgruppe der über 45-jährigen überproportional vertreten ist (vgl. BENDER 1994).

In der bereits erwähnten Untersuchung biographischer Handlungsmuster junger FacharbeiterInnen wurde bei der Konstruktion des Stichprobenplans auf sozialstatistisches Wissen darüber zurückgegriffen, (1.) welches die Ausbildungsberufe mit den höchsten Zahlen an Auszubildenden sind, (2.) welche Berufe eher hohe bzw. eher niedrige Beschäftigungsrisiken bergen und (3.) wie sich in diesen Berufen die zahlenmäßige Proportion von Männern und Frauen gestaltet. Auf diese Weise konnten typische Männerberufe im gewerblich-technischen und kaufmännischen Bereich kontrastiert werden mit Frauenberufen und Mischberufen in beiden Bereichen.

In vielen Fällen können also zu Beginn des Forschungsprozesses Auswahlmerkmale aufgrund theoretischer Setzungen festgelegt werden, indem Merkmale wie *„Geschlecht"*, *„Schichtzugehörigkeit"* oder *„Bildungsabschluss"* (oder sonstige demographische Variablen) als Indikatoren für bedeutsame Struktureinflüsse postuliert werden. Der Stichprobenplan sollte dann (nach dem Prinzip einer *bewusst heterogenen Auswahl*) so angelegt sein, dass VertreterInnen aller relevanten Merkmalskombinationen im qualitativen Sample vertreten sind. Dabei muss stets berücksichtigt werden, dass ein wichtiges Ziel qualitativer Stichprobenziehung zwar nicht statistische Repräsentativität, wohl aber die Abbildung der Varianz bzw. Heterogenität im Untersuchungsfeld darstellt.

In der Untersuchung über die Situation pflegender Angehöriger wäre es also grundsätzlich erwünscht, dass ein möglich breites Spektrum von Pflegebeziehungen und dabei auch seltene und extreme Fälle (*ein Mann, der seinen Schwiegervater pflegt*) bei der Fallauswahl erfasst werden. Denn gerade bei der Analyse ungewöhnlicher Fälle können soziale Strukturen besonders deutlich hervortreten.

Relevante Auswahlmerkmale können auch auf der Basis quantitativer Voruntersuchungen entwickelt werden. In diesem Fall können ähnlich wie bei einer russischen *Matrjoschka*-Puppe Stichproben „ineinandergeschachtelt" werden, wobei die kleineren Stichproben bestimmte Merkmale der größeren Stichproben haben.

In einer Studie zu „Sozialhilfekarrieren" (vgl. BUHR 1995, S. 113 ff.) konnten bei der statistischen Auswertung quantitativer Längsschnittdaten verschiedene Typen von SozialhilfebezieherInnen identifiziert werden, nämlich:

1. *transitorische BezieherInnen ("ÜberbrückerInnen")*, d.h. Personen, die Sozialhilfe nur einmalig zur Überbrückung einer kurzfristigen ökonomischen Notsituation bezogen hatten,
2. *mehrfachtransitorische BezieherInnen ("MehrfachüberbrückerInnen")*, d.h. Personen, die mehrfache kurze Phasen des Sozialhilfebezugs durchlebt hatten,
3. *PendlerInnen*, d.h. Personen, die sich während langer Jahre zwischen Sozialhilfebezug und anderen Formen des Erwerbs hin- und herbewegten,
4. *Langzeitfälle*, d.h. Personen, welche dauerhaft von dem Bezug von Sozialhilfe abhängig waren, und
5. *AusbrecherInnen ("escaper")*, d.h. Personen, die nach einer langdauernden Abhängigkeit von Sozialhilfe zu einem bestimmten Zeitpunkt auf Dauer aus dem Sozialhilfebezug ausschieden.

Bei der anschließenden qualitativen Untersuchung wurden Personen aus allen diesen Gruppen befragt, wobei der Fokus auf Unterschieden zwischen diesen Gruppen hinsichtlich der subjektiven Verarbeitung des Sozialhilfebezugs lag (LUDWIG 1996, S. 104, 111 ff.).

Die Auswahl der relevanten Merkmalsausprägungen muss stets von pragmatischen Überlegungen mit bestimmt werden, wobei insbesondere die angezielte *Stichprobengröße* von Bedeutung ist. Hierbei darf man nie aus den Augen verlieren, dass die Auswertung großer Mengen von Textdaten umfangreiche Ressourcen bindet. Bei der Durchführung von ein- bis zweistündigen qualitativen Interviews sind mehr als 80 bis 100 Fälle auswertungstechnisch nur noch mit einem großen Aufwand beherrschbar – eine unter pragmatischen Gesichtspunkten „ideale" Samplegröße, die von einem Forschungsprojekt mit nur ein oder zwei Mitarbeitern bearbeitet werden kann, liegt erheblich darunter. Die Anzahl der Merkmalskombinationen, die in einen Stichprobenplan eingehen, darf also nicht zu groß sein. Oft ist es erforderlich, aus der großen Menge aller möglichen Merkmalsausprägungen auszuwählen (in der Studie über junge FacharbeiterInnen hatte man sich deswegen auf nur fünf Ausbildungsberufe beschränkt). Wenn jedoch eine große Anzahl von Merkmalen und Merkmalsausprägungen für das untersuchte Feld relevant sind und erfasst werden sollen, kann ein zweistufiges Auswahlverfahren durchgeführt werden: Die Datenerhebung wird anhand eines ersten Stichprobenplans (mit bis zu mehreren hundert Fällen) durchgeführt, danach wird dann aber nur ein Teil der Interviews ausgewertet. Die Ziehung der auszuwertenden Interviews kann dabei durch eine *Suche nach entscheidenden Fällen* bzw. durch das Verfahren der *theoretischen Stichprobenziehung* (s.o.) erfolgen: Die Kriterien der Fallauswahl werden dabei sukzessive nach Maßgabe der sich im Auswertungsprozess entwickelnden Kategorien und Konzepte festgelegt.

Bereits die Berücksichtigung von nur sechs Berufen und zwei verschiedenen Regionen führte in der Studie über junge FacharbeiterInnen zu einem Stichprobenplan mit 24 „Zellen" (siehe Abb. 1) – eine Einbeziehung weiterer Ausbildungsberufe und Regionen hätte das qualitative Sample so aufgebläht, dass dann eine systematische Analyse des gesamten Datenmaterials kaum noch möglich gewesen wäre.

		Maschinen-schlosserIn.	Kfz-Mecha-nikerInnen	Friseu-rInnen	Büro-kaufleute	Bank-kaufleute	Einzelhan-delskaufl.
Bremen	männl.	direkt/ indirekt	direkt/ indirekt	direkt/ indirekt	direkt/ indirekt	direkt/ indirekt	direkt/ indirekt
	weibl.	direkt/ indirekt	direkt/ indirekt	direkt/ indirekt	direkt/ indirekt	direkt/ indirekt	direkt/ indirekt
München	männl.	direkt/ indirekt	direkt/ indirekt	direkt/ indirekt	direkt/ indirekt	direkt/ indirekt	direkt/ indirekt
	weibl.	direkt/ indirekt	direkt/ indirekt	direkt/ indirekt	direkt/ indirekt	direkt/ indirekt	direkt/ indirekt

Abb. 1: Konstruktion eines qualitativen Stichprobenplans

Da weitere Merkmale wie *Art des Übergangs zwischen Schule und betrieblicher Ausbildung* und *Verbleibsmöglichkeit* einbezogen wurden, musste auch innerhalb der einzelnen Zellen noch einmal kontrastiert werden: Pro Beruf wurden 15 InterviewpartnerInnen ausgewählt, sieben bis acht Jugendliche, die direkt von der allgemeinbildenden Schule in die Ausbildung eingemündet waren, und sieben bzw. acht Jugendliche, die keinen direkten Weg in die Lehre genommen hatten. Die Auswertung des qualitativen Datenmaterials wurde deshalb auf ein Teilsample beschränkt, welches nach Prinzipien kriteriengeleiteter Fallauswahl gebildet wurde.

Eine sinnvolle Festlegung der für die Fallauswahl relevanten Merkmalsausprägungen kann grundsätzlich auf zwei Wegen erfolgen:

- Bei der *Auswahl nach Modalkategorien* werden Fälle mit solchen Merkmalsausprägungen ausgewählt, die im Untersuchungsfeld besonders häufig sind: In einer Studie über junge FacharbeiterInnen würde man also junge Erwachsene in häufigen und beliebten Ausbildungsberufen befragen, und bei der Untersuchung der Situation pflegender Angehöriger würde man sich auf Frauen im Alter zwischen 45 bis 70 konzentrieren, die ihren eigenen Ehemann, ihre Mutter oder Schwiegermutter pflegen.
- Bei der *Auswahl von Extremgruppen* kommt das entgegengesetzte Prinzip zum Tragen: Es werden Fälle ausgewählt, die für Personen oder Situationen stehen, die

im Untersuchungsfeld selten auftreten. Ein solcher Extremfall wäre etwa eine Frau in einem typischen Männerberuf, etwa eine Kfz-Mechanikerin, oder ein junger Mann, der seinen gebrechlichen Vater pflegt.

Hier muss noch einmal daran erinnert werden, dass das zentrale Kriterium für die Konstruktion eines brauchbaren qualitativen Stichprobenplans die Erfassung relevanter Heterogenität der Fälle und nicht Repräsentativität im statistischen Sinne sein kann. Eine strikte Beachtung statistischer Repräsentativität kann das Untersuchungsziel sogar behindern, weil dann nämlich nur wenige (bei kleinen Stichproben gar keine) Extremfälle untersucht werden. Anhand von Extremfällen lassen sich aber soziale Strukturen oft besonders gut analysieren – die geschlechterbezogene Strukturiertheit beruflicher Handlungsfelder etwa anhand des Falles einer Kfz-Mechanikerin.

Mit einem qualitativen Stichprobenplan wird also angestrebt, eine bestimmte Bandbreite von (bspw. sozialstrukturellen) Einflüssen zu erfassen, indem theoretisch relevante Merkmale in ausreichendem Umfang durch Einzelfälle vertreten sind. Dann kann mit qualitativen Beobachtungs- und Interviewmethoden bspw. untersucht werden, wie Akteure ihre (sozialstrukturell beeinflussten) Handlungsbedingungen wahrnehmen und deuten, welche Handlungsziele sie unter diesen Bedingungen entwickeln und welche Mittel sie zur Erreichung dieser Ziele einsetzen. Auch bei einer solchen Fallauswahl können – in Anlehnung an das Verfahren des *theoretical sampling* – Fälle für Feinanalysen kontrastierend ausgewählt und ausgewertet werden. Natürlich lassen sich Verteilungen der in einer qualitativen Stichprobe gefundenen Muster und Strukturen trotzdem nicht ohne weiteres generalisieren. Bei den in qualitativen Forschungen notwendigerweise beschränkten Fallzahlen kann man nicht unbedingt davon ausgehen, dass bspw. Handlungsorientierungen und Deutungsmuster einzelner Akteure als repräsentativ für die von ihnen vertretene Gruppen gelten können. Das Ziel einer theoriegeleiteten Fallauswahl besteht aber auch nicht, wie bereits mehrfach erwähnt, darin, ein „repräsentatives", d.h. maßstabsgetreu verkleinertes Abbild einer Grundgesamtheit herzustellen, sondern darin, theoretisch bedeutsame Merkmalskombinationen bei der Auswahl der Fälle möglichst umfassend zu berücksichtigen, um bislang unbekannte Phänomene zu identifizieren und um neue Kategorien zu entwickeln und Typologien zu konstruieren.

Kapitel 4
Verfahren der Fallkontrastierung II:
Die Kodierung qualitativen Datenmaterials

Die Ziehung eines qualitativen Samples sollte, wie im Kapitel 3 erläutert wurde, nicht anhand des Zufallsprinzips, sondern durch eine systematische Kontrastierung von Fällen anhand von Kategorien bzw. Vergleichsdimensionen erfolgen, die für die Untersuchungsfragestellung relevant sind. Diese Vergleichsdimensionen können entweder

*   bereits bei der Konstruktion qualitativer Stichprobenpläne anhand theoretischen Vorwissens vor der Datenerhebung bestimmt oder
*   während der Auswertung (bei der „Suche nach Gegenbeispielen" i.S. von LINDE-SMITH und CRESSEY oder beim *„theoretical sampling"* nach GLASER und STRAUSS) sukzessive entwickelt werden.

Bei der *Auswertung* qualitativen Datenmaterials kann eine weitere Form der Fallkontrastierung zur Anwendung kommen: Wird dieses Datenmaterial mit der Hilfe von Kodierkategorien *indiziert* bzw. *kodiert,* kann die Fallkontrastierung durch einen systematischen („synoptischen") Vergleich von Textstellen erfolgen.

In diesem Kapitel werden die theoretischen Grundlagen und die Praxis der Kodierung qualitativen Interviewmaterials anhand von Kodierkategorien erläutert. Hierbei werden wir ausführlich beschreiben, wie anhand des qualitativen Datenmaterials und durch eine Kontrastierung von Fällen sukzessive ein Kategorienschema aufgebaut und modifiziert wird, das als eine Grundlage für die Konstruktion einer empirisch begründeten Typologie dienen kann. Wir werden dabei detailliert auf den Prozess der Kodierung und Indizierung der qualitativen Daten eingehen (4.1), danach beschreiben, welche Arten von Begriffen als Kodierkategorien genutzt werden können (4.2), welche dieser Arten von Kodierkategorien vor oder während der Kodierung entwickelt werden können (4.3) und wie durch Dimensionalisierung und synoptischen Vergleich von Textstellen Subkategorien (4.4) entstehen.

.

4.1 Indizierung und Kodierung qualitativen Datenmaterials

Qualitative Stichprobenpläne (vgl. Kapitel 3) können leicht die Ziehung von sehr umfangreichen qualitativen Stichproben anregen. Die Strukturierung und

Verwaltung der dann anfallenden Textdaten (in Form von verschriftlichten offenen Interviews, Dokumenten, Feld- und Beobachtungsprotokollen) kann (allein ihres Umfangs wegen) große auswertungstechnische Probleme mit sich bringen. Insbesondere Neulinge sind zu Beginn des Forschungsprozesses in Gefahr, in ihren Daten zu „ertrinken" (ein Beispiel bei KELLE, MARX, UHLHORN, WITT 2003). In einer solchen Situation der Überforderung kann der Forscher oder die Forscherin der Versuchung erliegen, theoretische Aussagen anhand weniger, unsystematisch gesammelter Textstellen vorschnell als belegt zu betrachten und Gegenevidenz in der Fülle des Datenmaterials einfach zu übersehen.

Eine methodisch kontrollierte qualitative Analyse von Text kann auf Techniken zur Sichtung und systematischen Ordnung der Daten also nicht verzichten. Hier lohnt sich ein Blick auf andere Wissenschaften, in denen es schon sehr lange Erfahrungen mit der Analyse umfangreicher Textkorpora gibt, vor allem auf die Philologie, die Geschichtswissenschaften und die Theologie. Diese hermeneutischen Disziplinen setzen bereits seit langer Zeit ein großes Instrumentarium von Techniken systematischer *Fundstellenverwaltung* ein. Hier sind vor allem drei – ursprünglich für die Bibelexegese entwickelte – Verfahren von Bedeutung:

1. Bei der Verwendung von *Querverweisen* wird in eine Textpassage ein Verweis auf eine andere wichtige Textstelle eingeführt (wenn z.B. in den neutestamentlichen Evangelien Bezug genommen wird auf die Prophetenbücher des Alten Testaments).
2. *Konkordanzen* bzw. *Schlagwortregister* oder *Indizes* enthalten Verweise auf Textstellen, die einen bestimmten Begriff enthalten oder in denen ein bestimmtes Thema behandelt wird.
3. Bei einer *Synopse* werden Textpassagen zum Zweck der vergleichenden Analyse nebeneinander gestellt. (Vor allem der Einsatz dieser Technik hatte im 18. und 19. Jahrhundert die Formulierung der bis heute unter Neutestamentlern allgemein akzeptierten Theorie über die Entstehungsreihenfolge und die gegenseitige Beeinflussung der vier Evangelien ermöglicht.)

Eine *thematische Indizierung* von Textpassagen und deren *anschließende synoptische Analyse* ist ein Verfahren, dass in der qualitativen Sozialforschung recht häufig eingesetzt wird. Erstmalig wird dieses Vorgehen von BECKER und GEER in einem 1960 erschienenen Artikel (BECKER, GEER 1960/1979) beschrieben.

In ihrer Studie über die Lebenswelt von Medizinstudenten handelt es sich bei dem Datenmaterial nicht um Interviewtranskripte, sondern um Protokolle teilnehmender Beobachtung. Diese Feldaufzeichnungen werden zusammengefasst und nach „Einzelereignissen" gegliedert. Anschließend gehen die AutorInnen die *„zusammenfassende Darstellung der Ereignisse durch und kennzeichnen jedes Ereignis mit einer Nummer* *oder mehreren Nummern, die sich auf die verschiedenen Bereiche, für die dieses Ereignis relevant zu sein scheint, beziehen"* (BECKER, GEER 1960/1979, S. 155). Anschließend werden alle Ereignisse, die mit derselben Nummer *„verkodet"* sind, d.h. in denen dasselbe Thema (bspw. *„Beziehung zwischen den Medizinstudenten und ihren Dozenten"*) angesprochen wird, miteinander verglichen. Das Ziel eines solchen Vergleichs ist es, zu jedem Thema unterschiedliche *„Varianten"* zu identifizieren.

BECKER und GEER verwenden für die Operation der Kennzeichnung von Textstellen und ihrer Zuordnung zu Themen die Begriffe *„Kodiervorgang"* und *„Verkoden"*, die aus der quantitativen Sozialforschung entlehnt sind, wo etwa offene Fragen in Fragebögen kodiert werden, um ihnen Variablenwerte zuzuordnen und eine statistische Analyse der in ihnen enthaltenen Informationen zu ermöglichen. Demgegenüber betonen BECKER und GEER, dass bei der „qualitativen Kodierung" *„die einzelnen Items nicht Kategorien zugeordnet werden, die sich – für die Auszählung – wechselseitig ausschließen"* (BECKER, GEER 1960/1979, S. 155). Ziel ist es nicht, standardisierte Daten für eine statistische Analyse zu produzieren – vielmehr soll sicher gestellt werden, dass alle relevanten Fundstellen zu einem bestimmten Sachverhalt zusammengetragen werden können. Die Analyse des Datenmaterials erfolgt nicht durch eine quantitative Auswertung der „Kodes", sondern durch eine synoptische interpretative Analyse der „Rohdaten", d.h. der „verkodeten" Texte.

Obwohl der Begriff „Kodierung" somit zu Missverständnissen Anlass gibt, weil er mit der Kodierung für eine quantitative Datenanalyse verwechselt werden kann (zum Unterschied qualitativer und quantitativer Kodierung vgl. SEIDEL, KELLE 1995), hat er sich in der qualitativen Methodendiskussion mittlerweile weitgehend gegenüber dem weniger missverständlichen Begriff *„Indizierung"* durchgesetzt. Das rührt daher, dass GLASER und STRAUSS in ihrem Buch *„The Discovery of Grounded Theory"* diesen Begriff verwendet und ihm damit einen prominenten Platz in der qualitativen Methodik gesichert haben (GLASER, STRAUSS 1967/1998, S. 111 ff.). Qualitative Kodierung ist hier eine der zentralen Bedingungen für den „permanenten Vergleich", der wiederum die Grundlage für die Theoriebildung darstellt. Die Kodierung beginnt mit der Zuordnung von Textsegmenten zu Kategorien, die der Interpret *ad hoc* entwickelt, wobei zeilenweise vorgegangen wird und jedes in den Daten auftauchende Ereignis so vielen Kodierkategorien wie möglich zugeordnet wird. Gleichzeitig soll jedes neu kodierte Ereignis mit jenen Ereignissen verglichen werden, die bereits kodiert wurden, um auf diese Weise die „Eigenschaften" der Kategorien bzw. ihre Subkategorien anhand des Datenmaterials zu entwickeln. Diese Entwicklung von Subkategorien geschieht also auch bei GLASER und STRAUSS anhand einer Synopse von Textstellen.

Die von BECKER und GEER sowie von GLASER und STRAUSS beschriebenen Techniken der systematischen Aufbereitung des Datenmaterials durch „Kodierung" bzw. Indizierung können in ihrer methodologischen Bedeutung kaum überschätzt werden. Bei einer interpretativen Analyse großer Mengen qualitativen Textmaterials hängt die Güte der Auswertung und ihrer Ergebnisse nämlich entscheidend von der Sorgfalt ab, mit der das Material kodiert wurde sowie von dem dabei entwickelten und verwendeten Kategorienschema. Kodierstrategien wurden lange Zeit nur als mündliche Institutstraditionen von Forschergeneration zu Forschergeneration weitergereicht und in der methodischen Literatur nicht sehr ausführlich oder verständlich behandelt (Ausnahmen bei STRAUSS, CORBIN 1990, S. 57 ff. oder MILES, HUBERMAN 1994, S. 55 ff.). Erst in jüngerer Zeit widmet man sich vor allem in englischsprachigen methodischen Veröffentlichungen ausführlicher der Praxis des Kodierens (vgl hierzu u.a. EZZY 2002, S. 86 ff.; CHARMAZ 2006, S. 42 ff.; DEY 2007; HOLTON 2007; KELLE 2007).

Der gemeinsame Kern von qualitativen Kodierverfahren besteht in der Regel darin, dass

1. Textpassagen indiziert bzw. kodiert werden, indem ihnen bestimmte Kategorien zugeordnet werden,
2. Textpassagen, die bestimmte Kategorien und ggf. weitere Merkmale gemeinsam haben, synoptisch verglichen und analysiert werden,
3. und dass angestrebt wird, auf der Grundlage dieses Vergleichs Strukturen und Muster im Datenmaterial zu identifizieren, die dann etwa zur Bildung neuer Kategorien bzw. Subkategorien führen können.

Vor der Verfügbarkeit von Computerprogrammen zur Textbearbeitung mussten die Daten weitgehend manuell verwaltet, geordnet, sortiert und gesucht werden: Kategorien wurden am Rande der Interviewtexte oder Feldprotokolle notiert, die Textsegmente danach ausgeschnitten, auf Karteikarten geklebt und anschließend miteinander verglichen (vgl. GLASER, STRAUSS 1967/1998, S. 112; LOFLAND, LOFLAND 1984, S. 134; TAYLOR, BOGDAN 1984, S. 136). Dieses Vorgehen hatte allerdings den schwerwiegenden Nachteil, dass so der Kontext der entsprechenden Textpassagen verloren ging und nur durch eine mühsame Fundstellenverwaltung in Karteien und Aktenordnern rekonstruierbar blieb. Ohne eine Zugriffsmöglichkeit auf die jeweiligen Kontexte der herausgeschnittenen Textstellen ist eine hermeneutische Analyse des Textes aber oft schlechterdings gar nicht möglich – die Einsicht in die Kontextgebundenheit des Verstehens ist schließlich eine wichtige methodologische Grundlage hermeneutischer Methoden. Um Kontexte bei der Auswertung jederzeit rekonstruieren zu können, muss bei der Anwendung von „Schneide- und Klebetechniken" aufwändig Buch geführt werden, aus welchen Bereichen der Interviews oder Feldprotokolle herausgeschnittene Textsegmente stammten, es müssen stets mehrere Kopien der Interviewtranskripte und Feldprotokolle vorgehalten werden usw.

Durch die Einführung von spezieller Software für die Indizierung und Kodierung von Textdaten in den späten 1980er Jahren hat sich diese Situation grundlegend geändert. Werden Programme wie ATLAS/ti oder MAXQDA für die qualitative Analyse genutzt (vgl. KUCKARTZ 2007; LEWINS, SILVER 2007; KELLE 2008b) ist es möglich, Textsegmente zu kodieren und zu vergleichen, ohne sie aus ihrem Kontext zu lösen. Außerdem eröffnen solche EDV-Programme zahlreiche weitere Möglichkeiten zur Aufbereitung qualitativen Datenmaterials, welche manuell überhaupt nicht oder nur mit unvertretbar hohem Aufwand zu realisieren sind, wie etwa die nachträgliche Verknüpfung von Textstellen, Kategorien und theoretischen Kommentaren („Memos" i.S. von GLASER und STRAUSS 1967/1998, S. 114). Der Einsatz von computergestützten Verfahren stellt somit eine weit reichende methodologische Innovation in der qualitativen Sozialforschung dar (vgl. KELLE 1995, 2004, 2008b).

Im Folgenden werden wir anhand von Beispielen aus der Forschungspraxis verschiedene Möglichkeiten beschreiben, wie Techniken zur systematischen Kodierung und Aufbereitung qualitativen Datenmaterials zur Konstruktion von Kategorien und Typen genutzt werden können. Hierbei werden wir nacheinander zwei Aspekte behandeln:

1. In dem folgenden Abschnitt 4.2 wird beschrieben, wie *Kategorien* und *Kategorienschemata*, mit deren Hilfe qualitatives Datenmaterial durch eine Indizierung bzw. Kodierung erschlossen werden kann, beschaffen sind und entwickelt werden können.

2. Der anschließende Abschnitt 4.3 befasst sich mit der *synoptischen Analyse* von Textpassagen, die zur Entwicklung von zusätzlichen Kategorien und von Subkategorien dient und die Grundlage für die Bildung von Typologien darstellt.

Der Begriff der „Kategorie" führt hier manchmal zur Verwirrung, weil er in der Literatur ziemlich uneinheitlich verwendet wird und von Begriffen wie „Konzept", „Merkmal", „Variable" oder „Kode" gelegentlich streng unterschieden, aber auch (manchmal nur wenige Seiten später!) mit diesen Begriffen gleichgesetzt wird. Wir folgen hier einer einfachen lexikalischen Konvention: Kategorie ist demnach jeder Begriff, der zu einer Klassifizierung von beliebigen Objekten dienen kann, im qualitativen Forschungsprozess also jeder Begriff, der zur Kennzeichnung und Unterscheidung von Phänomenen jeglicher Art (also Personen, Gruppen, Vorgängen, Ereignissen u.v.a.m.) und damit zur Erschließung, Beschreibung und Erklärung der Daten genutzt werden kann: Ein am Anfang des Analyseprozesses genutztes einfaches Kodewort ist demnach ebenso eine Kategorie wie ein komplexer theoretischer

Begriff, der am Ende der Analyse steht. Auch ein Typus kann somit als eine Kategorie bezeichnet werden. Bei einer typenbildenden Analyse qualitativer Daten werden also Kategorien, die am Anfang zur Kodierung des Materials genutzt werden anhand synoptischer Vergleiche weiterentwickelt, überarbeitet, durch Subkategorien differenziert und erläutert, zueinander in Beziehung gesetzt, in ein übergreifendes Schema integriert oder auch einfach nur (wenn sie sich als nicht brauchbar erweisen) verworfen.

4.2 Arten von Kodierkategorien

Die Zuordnung einer Kategorie zu einer Textpassage entspricht forschungslogisch jenem Prozess, der sich im Anschluss an PEIRCE als „hypothetisches Schlussfolgern" bezeichnen lässt (vgl. Kapitel 1, Abschnitt 3): Ein empirisches Phänomen, repräsentiert durch eine Textstelle, wird begrifflich „auf den Punkt gebracht" und durch die Zuordnung zu einer Klasse von Begriffen beschrieben, verstanden und ggf. auch erklärt. Im ersten Kapitel wurde – dem Vorschlag von Jo REICHERTZ folgend – zwischen zwei verschiedenen Formen des hypothetischen Schlussfolgerung unterschieden (vgl. REICHERTZ 2003, S.22 f):

1. die Zuordnung eines Phänomens zu einer bereits bekannten Klasse von Phänomenen („qualitative Induktion" oder auch „Subsumption"),
2. die Konstruktion einer neuen Klasse bzw. Kategorie zur Beschreibung bzw. Erklärung eines empirischen Phänomens („Abduktion").

Diesen beiden Formen der hypothetischen Schlussfolgerung entsprechen zwei Formen der Indizierung bzw. Kodierung:

1. die subsumptive Indizierung bzw. Kodierung anhand eines *vorbereiteten Kategorien- bzw. Kodierschemas,*
2. die abduktive Kodierung, bei der *neue Kategorien* anhand des Datenmaterials entwickelt werden.

Allerdings stellt nicht jede *ad hoc* Kodierung des Datenmaterials, bei der man auf ein vorbereitetes Kategorienschema verzichtet, gleich eine abduktive Kodierung dar. Auch bei der *offenen Kodierung* (GLASER, STRAUSS 1967/1998, S. 107 ff.; STRAUSS, CORBIN 1990/1996, S. 43 ff.), bei der auf ein vorformuliertes Kategorienschema verzichtet und das Datenmaterial (manchmal Wort für Wort oder Zeile für Zeile) Kategorien zugeordnet wird, die *ad hoc* formuliert werden, kann der Untersucher oder die Untersucherin subsumptiv kodieren. Das wird regelmäßig dann der Fall sein, wenn die Untersucherin bei der Kodierung auf gut strukturiertes theoretisches Vorwissen zurückgreift, das ihr bereits zur Verfügung steht: wenn sie etwa ein bestimmtes, in den Daten berichtetes Verhalten einer Person mit sozialer Definitionsmacht aufgrund ihrer guten Kenntnis der Arbeiten von Erving Goffman als *„Fall von Stigmatisierung"* einordnet und hierfür einen entsprechenden Kode vergibt.

Die Alternative zur offenen Kodierung stellt die subsumptive Kodierung anhand eines zuvor entwickelten Kategorienschemas dar, wie sie bspw. MILES und HUBERMAN empfehlen, um den *data overload* zu bewältigen, wie er in vielen qualitativen Projekten auftritt (MILES, HUBERMAN 1994, S. 55). Dieses Kategorienschema wird dabei auf der Grundlage der Forschungsfragen und des theoretischen Vorwissens formuliert.

Im zweiten Kapitel wurden die verschiedenen Arten des Vorwissens, die in der qualitativen Sozialforschung eine wesentliche Rolle spielen, bereits diskutiert. Dem Forscher bzw. der Forscherin stehen zu Beginn des qualitativen Forschungsprozesses in der Regel die folgenden Arten theoretischen Vorwissens zur Verfügung:

1. Empirisch nicht gehaltvolles Theoriewissen, das sind allgemeine theoretische Konzepte bzw. *„sensitizing concepts"*, die es ermöglichen, empirische Sachverhalte theoretisch einzuordnen. Hierzu gehören vor allem solche Konzepte, die aus soziologischen „Großtheorien" stammen wie *„Situationsdefinitionen"* oder *„Rollenerwartungen"*.
2. Empirisch gehaltvolles Alltagswissen, das die Grundlage für alltagsweltliches Verstehen bildet: In einer Untersuchung über die Situation pflegender Angehöriger gehört hierzu etwa Wissen über die rechtlichen Rahmenregelungen häuslicher Pflege.
3. Empirisch gehaltvolles Theoriewissen „mittlerer Reichweite", wie etwa eine soziologische Theorie über spezielle Strategien von Gefühlsarbeit in Dienstleistungsberufen (etwa HOCHSCHILD 2003), die möglicherweise auf Pflegesituationen übertragen werden kann.

Aus diesen drei Arten theoretischen Vorwissens können drei verschiedene Typen von Kodierkategorien abgeleitet werden, die bei der Konstruktion eines Kategorienschemas zur Aufbereitung und Indizierung qualitativen Datenmaterials verwendet werden können:

1. *Empirisch nicht gehaltvolle abstrakte theoretische Konzepte*: Hierbei können etwa zentrale Begriffe aus soziologischen (Groß)theorien (z.B. Entscheidungstheorien, Rollentheorien, Interaktionistische Theorien) als Heuristiken verwendet werden.
2. *Alltagskonzepte*, die in dem untersuchten Feld eine Rolle spielen. Dies können etwa die in einem Interviewleitfaden festgelegten Themenfelder sein.
3. Aus sozialwissenschaftlichen Theorien mittlerer Reichweite abgeleitete *empirisch gehaltvolle Kategorien*.

4.2.1 Abstrakte Konzepte als theoretische Heuristiken

Wie im zweiten Kapitel erläutert, enthalten soziologische (Groß-)Theorien in der Regel eine Reihe von empirisch nicht gehaltvollen Aussagen, d.h. Aussagen, aus denen sich nicht ohne weitere Zusatzinformationen empirisch direkt prüfbare, informative Feststellungen über einen konkreten Gegenstandsbereich ableiten lassen. Konzepte wie *„Rollenerwartungen", „Situationsdefinitionen"* oder *„constraints"* sind bezogen auf viele sozialwissenschaftliche Fragestellungen „empirisch leer". Allgemeine rollentheoretische Ansätze enthalten keine Informationen darüber, welche Rollenerwartungen sich mit konkreten sozialen Situationen verbinden und eine interaktionistische Theorie sozialen Handelns sagt nichts darüber aus, wie konkrete Akteure ihre Situation in einem bestimmten Handlungsfeld definieren. Für eine hypothesentestende, quantitative Untersuchung sind solche Konzepte deshalb, für sich genommen, wenig brauchbar – es müssen *Brückenannahmen* (KELLE, LÜDEMANN 1995; KELLE 2008a, S. 101 ff.) formuliert werden, die diese allgemeinen Konstrukte auf einen konkreten empirischen Gegenstandsbereich beziehen. Bei der Anwendung einer qualitativen, exploratorischen Forschungsstrategie können hingegen allgemeine, abstrakte und empirisch gehaltlose Kategorien und Aussagen ohne zusätzliche Brückenannahmen als *Heuristiken* eingesetzt werden. Konzepte wie „Rollenerwartungen" oder „Situationsdefinitionen" dienen dann zu Beginn der Untersuchung als theoretisches Raster, das durch empirische Beobachtungen zunehmend aufgefüllt wird. So kann sich ein Untersucher, der *soziologische Rollentheorien* als Heuristiken verwendet, die Frage stellen, welche *sozialen Positionen* in einem bestimmten Gegenstandsbereich von Bedeutung sind, *welche Erwartungen* mit diesen Positionen verbunden sind und wie die Einhaltung dieser Erwartungen *sanktioniert* wird. Oder er kann sich, ausgehend von einem *entscheidungstheoretischen Ansatz*, fragen, welche *Handlungsziele* die Akteure haben, wie sie unterschiedliche *Handlungskonsequenzen* bewerten und welche Regeln sie bei der *Auswahl von Handlungsalternativen* anwenden. Hierbei dienen die heuristischen Rahmenkonzepte *„Rollentheorie"* oder *„Entscheidungstheorie"* als formales Gerüst, das die Konstruktion empirisch gehaltvoller Kategorien anhand des Datenmaterials ermöglichen soll.

Abstrakte, empirisch gehaltlose theoretische Konzepte können, falls die Daten zu Beginn *ad hoc,* d.h. ohne ein festes Kategorienschema kodiert wurden, auch noch zu einem späteren Zeitpunkt in die Auswertung und Strukturierung des Datenmaterials einbezogen werden. Für ein solches Vorgehen hat Barney GLASER den Begriff der „theoretischen Kodierung" (GLASER 1978, S. 55 ff.) und Anselm STRAUSS und Juliet CORBIN den Begriff des *„achsialen Kodierens"* (STRAUSS, CORBIN 1990/1996, S. 75 ff.) vorgeschlagen (zum

Unterschied zwischen diesen beiden Kodierformen vgl. auch KELLE 1997, S. 327 ff.; KELLE 2007; STRÜBING 2003, S. 65 ff.). Während man bei der theoretischen Kodierung *sensu* GLASER eine Vielzahl unterschiedlicher theoretischer Rahmenkonzepte (*„coding families"*) einsetzen kann, erfolgt die Systematisierung des Datenmaterials bei der achsialen Kodierung durch ein bestimmtes handlungstheoretisches Modell. Hierbei werden die zuvor anhand des Datenmaterials *ad hoc* entwickelten Kodes daraufhin untersucht, ob es sich dabei

1. um *Phänomene*, auf die das Handeln gerichtet ist,
2. um *kausale Bedingungen* für diese Phänomene,
3. um *Eigenschaften des Handlungskontextes*,
4. um *intervenierende Bedingungen*,
5. um *Handlungs- und Interaktionsstrategien* oder
6. um deren *Konsequenzen* handelt.

Durch das achsiale Kodieren werden die bislang anhand des Datenmaterials entwickelten Kodes theoretisch geordnet, indem sie um die „Achse" der entstehenden Theorie, die ein allgemeines Handlungsmodell darstellt, gruppiert werden. Dieses allgemeine Handlungsmodell besteht natürlich nicht aus präzisen, empirisch gehaltvollen Hypothesen, sondern stellt eine sehr allgemein gehaltene Aussage über den Zusammenhang zwischen Kontextbedingungen, Handlungen und Konsequenzen im jeweiligen Untersuchungsfeld dar, wie sie etwa durch den Satz *„Unter Schmerzbedingungen benutzen Arthritispatienten Strategien zur Schmerzbewältigung."* (STRAUSS, CORBIN 1990/1996, S. 87) repräsentiert wird. Eine solche Aussage begründet eine allgemeine Aufmerksamkeitsrichtung und stellt damit einen heuristischen Rahmen für die eigentliche Aufgabe der achsialen Kodierung dar: die Suche nach den *spezifischen* Kontextbedingungen im Untersuchungsfeld, die zu *spezifischen* Handlungsstrategien und zu deren Konsequenzen führen. In einer Untersuchung über die Bewältigung chronischen Schmerzes müssen z.B. die konkreten Bedingungen identifiziert und beschrieben werden, unter denen Schmerzpatienten verschiedene Schmerzbewältigungsstrategien entwickeln.

In der Praxis lässt sich eine solche theoretische Strukturierung von Kodes und Datenmaterial nicht nur mit dem von STRAUSS und CORBIN vorgeschlagenen Kodierparadigma, sondern auch mit einfacheren heuristischen Rahmenkonzepten (und auch mit Konzepten aus anderen Theorietraditionen, etwa spezifisch entscheidungstheoretischen, systemtheoretischen oder konflikttheoretischen Ansätzen) durchführen. Als praktisches Beispiel für die Verwendung eines einfachen handlungstheoretischen Rahmenkonzeptes kann hier eine qualitative Studie dienen, die die Berufswahl von Jugendlichen zum Gegenstand hat (vgl. WITZEL 1996). Um die einzelnen Handlungsschritte der

Jugendlichen bei ihrer Berufswahl zu systematisieren, wurde das qualitative Datenmaterial (verschriftete Leitfadeninterviews) auf der Grundlage der folgenden drei Kategorien systematisiert:

- *Aspirationen* umfassten die Handlungsziele der Jugendlichen, die anhand von Begründungen rekonstruiert werden konnten, welche die Jugendlichen für ihre Entscheidungen für oder gegen bestimmte Berufsoptionen in den Interviews entwickelten.
- *Realisationen* stellten konkrete Handlungsschritte der Jugendlichen zur Umsetzung ihrer Aspirationen dar.
- Die Kategorie *Bilanzen* bezog sich auf die Bewertungen des Verhältnisses zwischen Handlungszielen und Handlungsbedingungen durch die Jugendlichen.

Dieses handlungstheoretische Rahmenkonzept wurde als ein heuristisches Raster verwendet, um die in den Interviews beschriebenen konkreten Handlungsstrategien der Jugendlichen zu erfassen. Auf dieser Grundlage konnte für jedes Interview der Entscheidungsprozess der Jugendlichen als Abfolge von Aspirationen, Realisationen und Bilanzierungen zusammengefasst werden (vgl. Abb. 2 als Beispiel für eine schematische Fallübersicht).

Schulabschluss	Realschulabschluss, keine schlechten Noten	
Option Töpferlehre	Asp.:	ursprünglicher Wunschberuf
	Real.:	Informationsbeschaffung, keine Bewerbung
	Bilanz:	„keine Chance"
Option Reiseverkaufsfrau (I)	Asp.:	Lehre
	Real.:	6-7 Bewerbungen (Telefonbuch, Anruf)
	Bilanz:	Bewerbung erfolglos, wg. schlechter Ausbildungsplatzsituation
... (weitere Optionen)		
Option Weiterbildung prakt. Betriebswirtin	Asp.:	Höherqualifizierung, bessere Berufschancen
	Real.:	Information bei Bekannten, Förderung durch AA (REHA-Maßnahme)
	Bilanz:	„gefällt ihr gut"

Abb. 2: Schematische Fallübersicht mit einem heuristischen Schema

4.2.2 Alltagskonzepte

Für die Entwicklung eines Kategorienschemas kann auch *empirisch (mehr oder weniger) gehaltvolles Alltagswissen* genutzt werden, das die Grundlage für alltagsweltliches Verstehen bildet. Alltagskonzepte sind bereits für die Datenerhebung unerlässlich, sie werden etwa bei der Konstruktion von Interviewleitfäden eingesetzt, um eine gewisse Vergleichbarkeit der Interviews dadurch zu erreichen, dass alle Interviewten möglichst auf dieselben untersuchungsrelevanten Themen eingehen (siehe u.a. WITZEL 1996, 2000). Im Unterschied zu einem standardisierten Fragebogen, wie er in quantitativen Umfragen Verwendung findet, dient der qualitative Interviewleitfaden jedoch lediglich als Gedächtnisstütze und Orientierungsrahmen. Themen, die von den Befragten selbst eingebracht werden, werden dabei durch Nachfragen vertieft. Auch wird bei der Interviewführung nicht eine zwingende Reihenfolge von Leitfadenthemen eingehalten. Um die Befragten zu ermuntern, ihre eigenen Sichtweisen und Deutungsmuster im Interview zu entfalten und um einer „Leitfadenbürokratie" (vgl. HOPF 1978, S. 101 ff.) entgegenzuwirken, haben ausdrückliche Erzählaufforderungen dabei einen hohen Stellenwert (*„Schildern Sie bitte, wie es war und welche Ereignisse sich zugetragen haben, als Sie die Pflege Ihrer Mutter übernommen haben."*).

Bei den Leitfadenthemen, die aufgrund von Forschungsfragen und theoretischen Vorannahmen ausgewählt werden, handelt es sich oftmals um empirisch wenig gehaltvolle *Alltagskategorien*.

Wie solche alltagsnahen Leitfadenthemen die Entwicklung eines Kategorienschemas anregen, kann hier anhand einer qualitativen Studie über Paare gezeigt werden, die sich erst im mittleren Lebensalter für eine Heirat entschieden haben (OSTNER, KUPKA, RAABE 1995). Die Untersuchungsgruppe bestand aus Frauen und Männern, die im Alter zwischen 45 bis 55 Jahren heirateten, ohne die Gründung einer Familie mit Kindern anzustreben. Der Erhebung der Interviews lag ein Leitfaden mit Fragen zu verschiedenen Themenbereichen zugrunde. Nach der *Einstiegsfrage* (wie es zur Heirat und zum Kennenlernen der Partnerin bzw. des Partners gekommen war) wurden u.a. Fragen gestellt:

- zur Lebenssituation beim Kennenlernen (*„Verlauf der Beziehung"*, etc.),
- zur Beziehungsgeschichte (*„Gab es vor Ihrer Ehe wichtige Liebesbeziehungen?"*, etc.),
- zur Herkunftsfamilie (*„Können Sie das Leben in Ihrer (Herkunfts-)Familie beschreiben?"*, *„Was fanden Sie gut an der Ehe Ihrer Eltern, was nicht?"*, etc.),
- zum Themenbereich Liebe, Sexualität und Treue (*„Würden Sie ihre Gefühle gegenüber Ihrem Partner als Liebe bezeichnen? Was bedeutet das für Sie?"*, etc.),
- zum Matching (*„Was erwarten Sie von einem Partner, der zu Ihnen passt? Über welche Eigenschaften sollte er oder sie verfügen?"*, etc.),

- zur Organisation des Alltags (vorher und nachher) (*„Haben Sie Entscheidungen oder Arbeiten an den Partner oder die Partnerin abgetreten, für die Sie vorher allein zuständig waren?"*, *„Hat sich Ihre finanzielle Situation durch die Heirat verändert?"*, etc.).

Die Kodierung des Interviewmaterials erfolgte zu Beginn anhand eines Kategorienschemas, bei dessen Konstruktion sich die UntersucherInnen eng an den Leitfadenthemen orientiert hatten (vgl. das Kategorienschema in Abb. 3).

---

1   Lebenssituation
2   LS beim Kennenlernen (Wohnen, Geld, Arbeit, Gesundheit, Emotionen)
3   LS vor der Heirat (Wohnen, Geld, Arbeit, Gesundheit, Emotionen)
4   Aktuelle Lebenssituation
5   Lebenssituation ohne PartnerIn

10   Gründe für die Heirat
11   materiell, Status, Sicherheit
12   emotional
13   traditionell

20   Beziehungsgeschichte

30   Herkunftsfamilie

40   Arbeit und Beruf

50   Soziales Netz

60   Liebe, Sexualität, Treue

70   Partnerwahl/Partnerschaft

80   Alltagsorganisation
81   Haus- bzw. Berufsarbeit
82   soziale Kontakte/Freizeit
83   Finanzen
84   Entscheidungen

100 Bilanzierung

Abb. 3:   Kategorienschema (Auszug) zu Beginn der Auswertung

Durch die Konstruktion eines Leitfadens können also bereits Auswertungskategorien festgelegt werden: Denn einerseits beeinflusst der Leitfaden in hohem Maß die Themen, zu denen sich die Befragten überhaupt äußern; und andererseits orientiert sich die Auswertung des Datenmaterials zumindest am Anfang oft sinnvollerweise an den Fragen des Leitfadens. Bereits bei der Kodierung müssen die ursprünglichen Leitfadenthemen jedoch schon oft differenziert und ergänzt werden, weil die Befragten Aspekte thematisieren, die nicht antizipiert worden sind (siehe dazu auch Abschnitt 4.3).

4.2.3 Aus soziologischem Theorien abgeleitete empirisch gehaltvolle Kategorien

Das theoretische Vorwissen qualitativer Forscher umfasst in der Regel nicht nur empirisch weitgehend gehaltlose abstrakte theoretische Konzepte und Alltagskonzepte, sondern auch empirisch gehaltvolle Theorien. Oft können solche empirisch gehaltvollen Konzepte und Aussagen aus anderen Gegenstandsbereichen und Studien übernommen werden. Bei der empirischen Untersuchung der Beziehungen zwischen Pflegepersonal und pflegebedürftigen älteren Menschen könnte man bspw. auf das Konzept der „Gefühlsarbeit" zurückgreifen, welches Arlie HOCHSCHILD 2003 in einer Studie über die Arbeit von FlugbegleiterInnen entwickelt hat: Angehörige in bestimmten Dienstleistungsberufen lernen, so HOCHSCHILD, ihre Emotionen in einer bestimmten Weise zu kontrollieren und zu managen, so dass ihr Gefühlsausdruck mit den Zielen oder Regeln der Organisation, für die sie arbeiten, konsistent wird (auch wenn er mit ihrem inneren Zustand überhaupt nicht übereinstimmt). „Empirisch gehaltvoll" ist dieses Konzept deshalb, weil sich Situationen, in denen Gefühlsarbeit geleistet wird, und Personen, die Gefühlsarbeit leisten, deutlich von Situationen und Personen unterscheiden lassen, bei denen dies nicht der Fall ist. Es könnte also im Prinzip der Fall eintreten, dass man feststellt, dass Pflegekräfte im Allgemeinen gar keine oder kaum Gefühlsarbeit leisten (müssen) – dann könnte man kein Material mit dieser Kategorie kodieren und die Annahme, dass Gefühlsarbeit in diesem Bereich eine Rolle spielt, wäre widerlegt.

Ein *empirisch gehaltloses* theoretisches Konzept lässt eine solche Möglichkeit nicht zu – es passt sozusagen immer und auf alle Situationen. Wenn man etwa die Berufswahlentscheidungen von SchulabsolventInnen untersucht, könnte man den Begriff „Handlungsalternativen" als eine solch gehaltlose Kategorie verwenden. Dieser Begriff ist auf jeden Fall auf den Gegenstandsbereich anwendbar – es ist schließlich undenkbar (bzw. ein logischer Widerspruch), dass eine Person sich im eigentlichen Wortsinne „entscheidet", ohne dass Alternativen existieren.

Um auf das Beispiel im letzten Absatz zurück zu kommen: Für die soziologische Analyse des Heiratsverhaltens kann man etwa auf eine ganze Reihe von theoretischen Ansätzen in der Familiensoziologie zurückgreifen, die Heiratsentscheidungen auf unterschiedliche Weise erklären (etwa die Ansätze der *neuen Haushaltsökonomie, Individualisierungtheorien, austauschtheoretische Ansätze* usw., vgl. etwa HILL, KOPP 2006, S. 148 ff.) und dabei unterschiedlichen theoretischen Gehalt aufweisen – die Annahme, dass (jeweils unterschiedliche und sich im Zeitverlauf ändernde) Normen in verschiedenen gesellschaftlichen Gruppen und Schichten existieren, die einen Einfluss haben auf das Entscheidungsverhalten von Spätheiratenden, ist sehr viel allgemeiner und hat sehr viel weniger empirischen Gehalt als die Annahme, dass in der Folge von gesellschaftlichen Modernisierungs- und Individualisierungsprozessen seit den 1960er Jahren „traditionelle" und „materielle Begründungen" für die Eheschließung (sprich: das Eingehen einer Versorgungsehe) an Bedeutung verloren haben gegenüber emotionalen Gründen.

4.3 Entwicklung von Kategorien vor und während der Datenauswertung

Soll man die Analyse qualitativer Daten bereits mit einem Kategorienschema beginnen oder die Kategorien erst in der Auseinandersetzung mit dem Material entwickeln? Hierüber gehen die Meinungen qualitativer Methodenexperten auseinander. Während MILES und HUBERMAN dringend die Konstruktion eines *ex ante* Kategorienschemas empfehlen, um den *data overload* zu bewältigen, optieren GLASER und STRAUSS ebenso dringend dafür, die Auswertung des Datenmaterials mit einem offenen Kodieren zu beginnen (siehe oben) – die Gefahr sei sonst viel zu groß, dass unpassende Konzepte den Daten aufgezwungen werden. Allerdings haben gerade Neulinge in der qualitativen Sozialforschung die allergrößten Schwierigkeiten, beim Lesen der Textdaten *ad hoc* brauchbare Kategorien zu finden, mit deren Hilfe sich das Material erschließen lässt. Mitglieder eines Forschungsprojekts haben ihre diesbezüglichen Erfahrungen damit so beschrieben:

„Die Umsetzung der von GLASER und STRAUSS empfohlenen Strategie des offenen Kodierens – der Text wird dabei Zeile für Zeile gelesen und *ad hoc* kodiert – erwies sich […] als unerwartet aufwendig und umständlich. Dies hing damit zusammen, dass die Forschungsgruppe bei dem Bemühen, die Perspektive der untersuchten Jugendlichen zur Geltung zu bringen, zu Beginn der Auswertung geradezu skrupulös darauf bedacht war, auch vordergründig Unwesentliches nicht zu vernachlässigen. Beherrscht von der Vorstellung, „*tabula rasa*" an den Text heranzugehen, dessen Inhalt und Struktur dabei unverfälscht aufzunehmen und aus Furcht, den Forschungsgegenstand durch zu viel eigenes Wissen zu stark zu strukturieren, schrieben die Forscher jedem einzelnen Wort ein hohes Gewicht zu. Diese Unsicherheiten ließen sich auch nicht durch Hinweise zum offenen Kodieren aus der entsprechenden Methodenliteratur abschwächen, wonach es sich bei der Entwicklung von Kodes nur darum handelt, „vorläufig" zu kodieren, wobei die entstehenden Konzepte im Verlauf des Forschungsprozesses „ihre Brauchbarkeit" erweisen müssen. Vielmehr herrschte zu Beginn des Auswertungsprozesses die Auffassung vor: „Alles ist wichtig!" - Jeder auch intuitiv noch so unwichtige Zusammenhang wurde kodiert, in unzähligen Memos festgehalten und diskutiert. Dies führte zu einer kaum noch zu bewältigenden Datenmasse, in der die Forscher bald zu ertrinken drohten." (vgl. KELLE, MARX, PENGEL, UHLHORN, WITT 2003, S. 242).

Andererseits bringt die Verwendung eines *ex ante* entwickelten Kategorienschemas natürlich die Gefahr mit sich, dass die Relevanzsetzungen der Befragten durch die verwendeten Kategorien überblendet werden. Die Lösung für dieses Dilemma zwischen dem „Ertrinken in den Daten" und dem „Aufzwingen von Kategorien" besteht in der Berücksichtigung folgender Regel:

Für ein ex ante entwickeltes Kategorienschema verwendet man als heuristischen Rahmen empirisch gehaltlose theoretische Kategorien und Alltagskonzepte, empirisch gehaltvolle Kategorien kann man bei der Kodierung ad hoc einführen, wenn man in den Daten spontan Zusammenhänge entdeckt, zu denen diese Kategorien passen.

Bei der Konstruktion eines Kategorienschemas für die Systematisierung qualitativen Datenmaterials darf die *hypothesengenerierende und theoriebildende* Funktion qualitativer Forschung nie aus dem Blick geraten. Das zentrale Ziel einer qualitativen Untersuchung besteht i.d.R. ja nicht darin, Hypothesen zu falsifizieren, sondern darin, einen Zugang zu den Relevanzen, Weltdeutungen und Sichtweisen der Akteure zu finden. Die Konstruktion eines *ex ante* Kategorienschemas mit Hilfe empirisch gehaltvoller theoretischer Kategorien kann deshalb leicht kontraproduktiv sein.

Dies zeigen etwa Erfahrungen aus der Studie über „Späte Heirat". Bei Beginn der Untersuchung hatte die Forschungsgruppe die Kategorie *„Heiratsgründe"* in die Subkategorien

* *materielle Heiratsgründe, Status, Sicherheit,*
* *emotionale Heiratsgründe* und
* *traditionelle Heiratsgründe*

unterteilt. Diese Differenzierung erwies sich bald als ungenügend, weil der damit gesetzte Rahmen zu eng war. Viele der Heiratsgründe der Interviewten ließen sich hierunter nicht oder nur mit großer argumentativer Anstrengung subsummieren. Die Kategorie *„Heiratsgründe"* mit ihren drei Subkategorien *„materiell, emotional, traditionell"* wies m.a.W. einen zu großen empirischen Gehalt auf, um als Kodierkategorie zu fungieren, denn sie enthielt implizite Hypothesen über das Feld möglicher Gründe von Heiratsentscheidungen. In gewissem Sinne wurden diese Hypothesen falsifiziert, denn es stellte sich bei der Kodierung heraus, dass das Spektrum möglicher Heiratsgründe tatsächlich sehr viel umfangreicher ist, als es sich mit den zu Beginn formulierten Kategorien darstellen ließ.

70

Kodierkategorien, die zur Systematisierung des Datenmaterials verwendet werden, sollten vielmehr zu Beginn möglichst „offen" sein, so dass mit ihrer Hilfe das gesamte Spektrum relevanter Phänomene (in dem Beispiel: das gesamte Spektrum an Heiratsgründen) *auf der Grundlage der Daten* erfasst werden kann. Empirisch gehaltvolle Aussagen etwa über Heiratsgründe sollten nicht die Voraussetzung, sondern das Ergebnis der Analyse sein, nachdem alle Textpassagen, in denen sich die Befragten *auf irgendeine Weise* zu ihren Heiratsgründen äußern, *vergleichend* untersucht worden sind.

In der Regel sollte also die Analyse mit empirisch nur wenig gehaltvollen, allgemeinen und abstrakten Konzepten beginnen, die im Laufe der Auswertung gewissermaßen *„empirisch aufgefüllt"* werden.

Die Verwendung allgemeiner handlungstheoretischer Konzepte in der Studie über die Berufswahl von Jugendlichen soll es auf diese Weise ermöglichen, ganz verschiedene empirische Phänomene in den Blick zu bekommen. Durch Kategorien wie *„Aspirationen", „Realisationen"* und *„Bilanzierungen"* wird das Feld der möglichen Handlungsstrategien kaum beschränkt (allenfalls im Hinblick darauf, dass bevorzugt *intentionales Handeln* betrachtet wird) – von Interesse für den Untersucher ist es zu erfahren, welche Aspirationen für Kfz-MechanikerInnen und welche für Bankkaufleute relevant sind, wie sie realisiert werden und wie diese Realisationen bilanziert werden. Anschließend könnte sich die Untersuchung darauf konzentrieren, festzustellen, welche Typen von Aspirationen, Realisationen und Bilanzierungen stets gemeinsam auftreten usw. Bei einer solchen „empirischen Auffüllung" der empirisch weitgehend gehaltlosen Ausgangskonzepte muss in der Regel auf das *Alltagswissen der Akteure* zurückgegriffen werden.

Wichtig bei einer solchen theoriegeleiteten Kodierung und Strukturierung des Materials ist es also, dass theoretische Konzepte nicht zu großen empirischen Gehalt besitzen, das heißt dem Material nicht „aufgezwungen" werden, sondern zu den Daten passen, indem sie die dort enthaltenen Informationen auf eine theoretisch-konzeptuelle Ebene heben.

Dass eine bestimmte theoretische Heuristik ein Zuviel an empirischem Gehalt aufweist, kann man erkennen, wenn empirisches Material auftaucht, das die in der Heuristik (vielleicht auch nur implizit enthaltenen) Annahmen falsifiziert. Hierzu ein Beispiel: Bei der Untersuchung der Motive pflegender Angehöriger in einem Lehrforschungsprojekt wurde eine entscheidungstheoretische Heuristik eingesetzt mit Kategorien wie *„Anlass zur Pflege"* (hiermit wurden etwa Ereignisse kodiert, die die Pflegebedürftigkeit auslösten), *„Ressourcen der Pflegenden"* und *„Konsequenzen der Pflege"*. Die hierbei verwendete entscheidungstheoretische Kategorie „Intention" erwies sich beim Durchgang durch das empirische Material als zu empirisch gehaltvoll. Denn es fanden sich viele Pflegende, die in den Interviews gar keine „Absichten", „Gründe" oder „Entscheidungen" thematisierten – sie waren in die Pflegesituation *„hineingerutscht"* – *„es ergab sich einfach so"*. Tatsächlich hatten diese InterviewpartnerInnen auf die nachlassenden Kräfte und die wachsende Hilfsbedürftigkeit ihrer Angehörigen so reagiert, dass sie nach und nach immer mehr Aufgaben übernahmen, bis sie sich oft in einer hochgradig belastenden Pflege- und Betreuungsbeziehung befanden. Durch die Daten wurde also unsere implizite Annahme, dass sich die Interviewten aufgrund einer „Absicht" „entscheiden", ihre hilfsbedürftigen Angehörigen zu versorgen, falsifiziert. Diesem Umstand musste durch ein neu in die Analyse eingeführtes theoretisches Konzept Rechnung getragen werden: Eine Pflegebeziehung kann nicht nur durch eine bewusste Intention begründet werden, sondern auch durch einen *habit*, d.h. durch ein eingeschliffenes und im Alltag nicht reflektiertes Handlungsmuster (zu dem Begriff vgl. etwa ESSER 1990, 1991, S. 64 f.).

Auch wenn man ein vorbereitetes Kategorienschema verwendet, wird es relativ häufig der Fall sein, dass während der Kodierung Kategorien aufgegeben werden (etwa weil sie empirisch zu gehaltvoll sind oder aus anderen Gründen den Gehalt der Daten nicht zu erschließen vermögen) oder aber, dass das Kategorienschema um zusätzliche Kategorien ergänzt wird.

Bei der Kodierung der Interviews mit den Paaren, die im fortgeschrittenen Alter geheiratet hatten, stellte sich etwa heraus, dass (1.) einige der Kategorien differenziert werden mussten und dass (2.) von den Befragten zusätzliche Themen angesprochen wurden, die nicht antizipiert worden waren und eine Modifikation der in Abbildung 4 vorgestellten Kodierkategorien erforderlich machten. So zeigte sich, dass bei der Kategorie *„Beziehungsgeschichte"* eine Unterscheidung zwischen *früheren* und der *aktuellen Beziehung* wesentlich für das Verständnis des Interviewmaterials war. Auch bei dem Thema *Alltagsorganisation* erwies es sich aus auswertungspragmatischen Gründen als sinnvoll, zwischen der früheren und der heutigen Organisation des Alltags zu unterscheiden. Viele der Befragten berichteten schließlich von *Krisen und Krankheiten*, die entweder ihre eigene Biographie oder die des Partners bzw. der Partnerin nachhaltig beeinflusst hatten. Auch *Kinder* aus früheren Ehen oder frühere Liebesbeziehungen beeinflussten die eigene Lebensplanung sowie die Gestaltung späterer Beziehungen.

Kategorien, die einem Kategorienschema während der Kodierung *ad hoc* hinzugefügt werden, sind dann oft sinnvollerweise theoretische Begriffe mit einem größeren empirischen Gehalt. Ein Bespiel hierfür ist etwa die schon erwähnte Kategorie „Gefühlsarbeit", die wir bei der empirischen Untersuchung von Pflegebeziehungen in das Kategorienschema aufgenommen hatten, nachdem Pflegekräfte in Interviews relativ oft darüber gesprochen hatten, wie sie in bestimmten Situationen den Ausdruck eigener Gefühlszustände kontrollieren mussten.

4.4 Die Entwicklung von Subkategorien und Dimensionen

Im letzten Abschnitt wurde gezeigt, wie allgemeine untersuchungsrelevante Kodierkategorien bestimmt werden können, mit deren Hilfe das gesamte Datenmaterial indiziert bzw. kodiert wird. Hierbei handelt es sich entweder um Themenbereiche (*„Heiratsgründe"*, *„Alltagsorganisation"*) mit alltagsweltlichem Bezug, zu denen sich die einzelnen Befragten in der Regel sehr unterschiedlich äußern, oder es handelt sich um allgemeine theoretische Konzepte (*„Aspirationen"*), die sich auf umfangreiche Bereiche sozialen Handelns beziehen.

Das zur Strukturierung, Systematisierung und Auswertung der Daten entwickelte Kategorienschema repräsentiert dabei zu Beginn der Auswertung möglichst nur einen heuristischen Rahmen mit geringem empirischen Gehalt. Das Ziel der Datenauswertung besteht dann in der empirischen Auffüllung dieses Rahmens, die auf *zwei verschiedenen Wegen* realisiert werden kann: Entweder wird das Kategorienschema, wie im letzten Abschnitt beschrieben, um *zusätzliche Kategorien* ergänzt. Oder es werden die anfänglich empirisch weitgehend gehaltlosen Kategorien durch empirisch gehaltvolle *Subkategorien* ergänzt und empirisch angereichert.

Diesen Prozess – die Bildung von *Subkategorien* – wollen wir im Folgenden beschreiben. Hierbei werden für die betrachtete Kategorie theoretisch relevante Merkmale und deren Dimensionen identifiziert, ein Vorgang, der in der qualitativen Methodenliteratur manchmal auch als *Dimensionalisierung* (STRAUSS 1991, S. 44 ff.) bezeichnet wird. Die Suche nach Subkategorien und deren Dimensionen dient dazu, das empirische Spektrum zu erschließen, das von den anfangs festgelegten Kodierkategorien aufgespannt wird und diese damit zu konkretisieren bzw. empirisch anzureichern. Es geht hierbei etwa darum, in Erfahrung zu bringen, *welche* Heiratsgründe für Spätheiratende relevant sind oder *welche* Aspirationen bei der Berufswahl zukünftiger Kfz-MechanikerInnen zum Tragen kommen und *wie* sie realisiert werden. Oder man ist daran interessiert, zu erfahren, *welche Formen* von Gefühlsarbeit von Pflegekräften geleistet werden müssen. Die Subkategorien und deren Dimensionen müssen dabei so gewählt sein, dass *Ähnlichkeiten und Unterschiede* im Datenmaterial (also etwa Ähnlichkeiten und Unterschiede zwischen Heiratsmotiven von Spätheiratenden oder Ähnlichkeiten und Unterschiede zwischen den beruflichen Aspirationen von Jugendlichen) deutlich herausgearbeitet werden können. Das entscheidende Ziel der Dimensionalisierung ist es also, Kategorien und deren Subkategorien bzw. Dimensionen zu identifizieren, anhand derer sich die Fälle möglichst deutlich unterscheiden lassen, d.h. solche Kategorien und Subkategorien zu konstruieren, die zu einer guten Beschreibung von Heterogenität und Varianz im Datenmaterial führen. Hierbei können prinzipiell zwei Wege gegangen werden:

1. Die Subkategorien bzw. Dimensionen können *vor* der Analyse des empirischen Materials, durch eine rein *begriffliche Explikation des Vorwissens* über die betreffende Kategorie entwickelt werden.
2. Das qualitative Datenmaterial kann für eine *empirisch begründete Konstruktion* von Subkategorien und Dimensionen herangezogen werden.

4.4.1 Die Bildung von Subkategorien durch eine begriffliche Explikation theoretischen oder empirischen Vorwissens

In vielen Fällen sind die wesentlichen Dimensionen einer Kategorie aus dem wissenschaftlichen oder Alltagssprachgebrauch her bereits bekannt. Die Untersucherin kann deshalb für die Dimensionalisierung einer Kategorie sowohl auf ihr Alltagswissen als auch auf soziologische Konzepte zurückgreifen. STRAUSS (1991, S. 74) verdeutlicht ein solches Vorgehen anhand einfacher Beispiele: Um verschiedene Strategien der *Schmerzbewältigung* zu untersuchen, müssen zuerst wesentliche Merkmale der Kategorie Schmerz identifiziert werden, wie die *Art* des Schmerzes, dessen *Intensität*, die *Stelle*, an der er auftritt, seine *Dauer*, sein zeitlicher *Verlauf* usw. Diese Merkmale können jeweils in bestimmter Weise variieren. Die Variationsbreite bzw. deren „dimensionales Spektrum" (vgl. STRAUSS, CORBIN 1990/1996, S. 53) zu beschreiben, ist das Ziel der Dimensionalisierung. Diese erfordert also eine *begrifflich-analytische Explikation des theoretischen und empirischen Vorwissens*. Soziodemographische Kategorien bzw. Variablen wie *„Geschlecht"*, *„Schulabschluss"*, *„Nationalität"*, *„Beruf"* usw. liefern triviale Beispiele für diesen Vorgang – die möglichen Merkmalsausprägungen gehören hier oft zum selbstverständlichen Alltagswissen (*Geschlecht: männlich, weiblich; Schulabschluss: Hauptschulabschluss, mittlere Reife, Abitur, ...*). Bei der Auswertung qualitativer Daten werden nun nicht klassische soziodemographische Variablen, sondern vielmehr jene Kategorien dimensionalisiert, die für die *inhaltliche* Fragestellung der Untersuchung relevant sind:

In der Studie zur „Späten Heirat" (siehe Abb. 3) ist die Kategorie *Lebenssituation* bspw. *chronologisch* dimensionalisiert worden, so dass sich die Subkategorien „Lebenssituation *beim Kennenlernen"*, „Lebenssituation *vor der Heirat"* und *„aktuelle Lebenssituation"* ergaben. Ergänzend wurde die zusätzliche Subkategorie „Lebenssituation *ohne Partner"* verwendet. Für die Kategorie *Alltagsorganisation* wurden die Subkategorien „Haus- und Berufsarbeit", „Soziale Kontakte/Freizeit", „Finanzen" und „Entscheidungen" als für die alltägliche Lebensführung relevante Merkmale von Alltagsorganisation *a priori* festgelegt.

In der Studie über die Berufswahl von Jugendlichen ist mit einem handlungstheoretischen Konzept gearbeitet worden: Jede berufliche Option, mit der die jugendlichen Befragten konfrontiert waren, wurde dabei anhand der Merkmale „Aspirationen", „Realisationen" und „Bilanzierung" analysiert.

An diesen Beispielen wird deutlich, dass sich solche, anhand des begrifflichen Vorwissens entwickelten Dimensionen in ihrem empirischen Gehalt unterscheiden können. So sind die Subkategorien der Kategorie *„Heiratsgründe"* in der Studie über „Späte Heirat" empirisch gehaltvoll, d.h. im empirischen Material konnten Paare entdeckt werden, deren Heiratsgründe nicht mit den drei Subkategorien *„materiell", „emotional"* und *„traditionell"* sinnvoll erfasst werden konnten. So heirateten z.B. einige der Befragten, um ihrem Leben – nach einer Reihe von Krisen und Schicksalsschlägen – ein Stück Normalität zurück zu geben. Und wieder andere wollen sich vor sozialer Ausgrenzung schützen oder gar ihren sozialen Status verbessern. Die Kategorie „traditionell" etwa würde diese Heiratsgründe nur sehr unzureichend erfassen – die Befragten heirateten nicht „weil man das so tut", sondern entwickelten ihre aus biographischen Erfahrungen erwachsenden Handlungsbegründungen sehr differenziert und in Abgrenzung zum traditionellen Handeln von Angehörigen ihrer eigenen Elterngeneration.

Das handlungstheoretische Schema aus der Studie über junge Fachkräfte stellt wiederum, weil es relativ wenige Möglichkeiten ausschließt, ein empirisch wenig gehaltvolles, heuristisches Rahmenkonzept dar. Aber auch unabhängig von ihrem empirischen Gehalt muss sich die Relevanz und die heuristische Qualität der verwendeten Subkategorien bzw. Dimensionen stets angesichts des vorliegenden Datenmaterials bewähren: So, wie es möglich ist, dass keiner der Befragten in der Heiratsstudie auf finanzielle oder traditionelle Heiratsgründe eingeht, kann es auch geschehen, dass eigene Aspirationen für junge FacharbeiterInnen keine Rolle spielen, weil über die Berufsausbildung an anderer Stelle von anderen Akteuren entschieden wird. Nur würde in dem letzteren Fall deutlich, dass die Untersuchungsfragestellung und der Fokus der Studie falsch gewählt ist: es ginge dann eben nicht mehr um *Entscheidungen* zur Berufs*wahl*.

Die anhand des begrifflichen Vorwissens entwickelten *a priori* Dimensionen lassen sich also bereits für die Kodierung des Datenmaterials nutzen. Bei der weiteren Analyse des Datenmaterials müssen jedoch die anhand des begrifflichen Vorwissens entwickelten Subkategorien und Dimensionen i.d.R. weiter präzisiert oder ergänzt werden, denn die Subsumtion von Textdaten unter ein Kategorienschema ist nur ein *Mittel* der qualitativen Auswertung, deren *Ziel* in der Präzisierung, Konkretisierung und „empirischen Auffüllung" weitgehend empirisch gehaltloser und wenig informativer Kategorien anhand des Datenmaterials besteht.

4.4.2 Die Bildung von Subkategorien durch eine synoptische Analyse der Daten

Eine synoptische Analyse qualitativen Datenmaterials stellt die zweite Möglichkeit dar, um das anfangs entwickelte Kategorienschema empirisch anzureichern. Soweit die Daten mit Hilfe des Kategorienschemas indiziert bzw. kodiert wurden, können hierbei nacheinander für alle Kategorien die ihnen zugeordneten Textpassagen herausgesucht und vergleichend analysiert werden. Die Dimensionalisierung bzw. Bildung von Subkategorien kann dabei auf zwei verschiedenen Wegen erfolgen:

1. *Fallvergleichend*: Textpassagen werden dabei zuerst nur auf der Ebene von Einzelfällen verglichen, und die hieraus entwickelten Subkategorien, Merkmale bzw. Dimensionen werden daran anschließend mit denen verglichen, die anhand des Materials anderer Fälle entwickelt wurden.

2. *Thematisch vergleichend und fallübergreifend*: Nach der Indizierung bzw. Kodierung des gesamten Datenmaterials (für alle Fälle bzw. die gesamte Stichprobe) wird für jede Kategorie das gesamte Textmaterial über alle Fälle hinweg herausgesucht. Die Textsegmente werden dann fallübergreifend in einer Synopse zusammengestellt und analysiert.

Abb. 5 zeigt ein Kategorienschema, das auf der Grundlage der Auswertung eines einzelnen Falles dimensionalisiert wurde. Auch dieses Kategorienschema stammt aus der bereits erwähnten Studie zur Berufswahl Jugendlicher, allerdings aus einer frühen Phase dieses Forschungsprojektes. Bei der Auswertung des Interviews mit einem jungen Mann, der letztendlich eine Lehrstelle als Kfz-Mechaniker gefunden hatte, wurde zuerst der Text des Interviews mit den an dem Interviewleitfaden orientierten Kategorien *„Ausbildung"*, *„Berufswahl"*, *„familiäre Perspektive"*, *„Lehrstellensuche"*, *„schulische Laufbahn"*, *„soziale Situation"* und *„Zweite Schwelle"* kodiert (diese Kategorien sind in Abbildung 5 fett markiert, die Zahlen hinter den Kategorien geben Seitenzahlen für die entsprechenden Textsegmente im transkribierten Interview an). Bei der Auswertung des Interviews wurden am Rand des Transkriptes Subkategorien notiert, also etwa für die Kategorie *„Zweite Schwelle"* die Subkategorie *„Perspektiven"* und hierfür wiederum die Subkategorien *„Bundeswehr"*, *„Daimler Benz"*, *„LKW-Werkstatt"*, *„Weiterqualifikation"* und *„Zweite Lehre"*. Die Dimensionalisierung und Bildung von Subkategorien wurde in einem Fall (der Subkategorie *„Weiterqualifikation"* mit den Subkategorien *„Fachoberschule"* und *„Meisterbrief"*) bis auf vier Ebenen durchgeführt.

Ausbildung   9, 12
  Abschlussprüfung   13, 14, 21
  Berufsschule   11
  betriebliche Ansprüche   13
  Betriebsklima   10, 13
  Bilanzierung   14, 15, 35
  Missstände   9
  Privatbereich   33

Berufswahl
  Berufswunsch   3, 7, 9
  Betriebspraktikum   6

Familiäre Perspektive   31

Lehrstellensuche
  Absagen   6, 9
  Einstellung   1, 4, 8
  Suche   1, 5, 7, 8
  soziale Netzwerke   7

Schulische Laufbahn   1

Soziale Situation   25

Zweite Schwelle
  Arbeitssuche   20, 30
    Arbeitsamt   22
    Auswahlkriterien der Betriebe 21
  Freunde   32
  Perspektiven   *26*
    Bundeswehr   *16, 27, 32*
    Daimler Benz *19, 22, 27*
    LKW-Werkstatt *30*
    Weiterqualifikation
      Fachoberschule 28
      Meisterbrief   29
    Zweite Lehre *11, 27*
  Soziale Sicherung   24
  Übernahme   15, 17
  Arbeitslosigkeit   18

Abb. 5: Auf der Basis eines einzelnen Interviews dimensionalisiertes Katego-
       rienschema

Solche am Einzelfall entwickelten Subkategorien ermöglichen dann eine detaillierte Beschreibung und Analyse der Einzelfälle, wenn sie (1.) hinreichend
präzise sind, wenn sie (2.) die Indizierung eines großen Teils des Datenmate-

rials ermöglichen und wenn sie (3.) für die Untersuchungsfragestellung relevant sind. Auf der anderen Seite können solche nur auf einen Einzelfall bezogenen Subkategorien die Fallkontrastierung aber auch erschweren.

In der Untersuchung über die Berufswahl von Jugendlichen kann etwa eine Subkategorie wie *„Bundeswehr"* noch sinnvoll für eine vergleichende Analyse und Fallkontrastierung verwendet werden; Subkategorien wie *„Daimler Benz"* und *„LKW-Werkstatt"* können hingegen nicht ohne weiteres für eine *Fallkontrastierung* verwendet werden, wenn jeweils nur einzelne Fälle diese Merkmale aufweisen. Um die Heterogenität der Fälle durch eine begrenzte Anzahl von Kategorien abbilden zu können, müssen hier Oberbegriffe gefunden werden.

Es muss also in jeder Studie geprüft werden, wie konkret fallbezogene Kategorien und Subkategorien sein dürfen, damit ein Vergleich zwischen den Fällen noch sinnvoll durchgeführt werden kann. Auf der anderen Seite dürfen Subkategorien aber auch nicht zu abstrakt formuliert sein, weil sonst zu viele Fälle unter eine Kategorie subsumiert werden können. Auch in diesem Fall würden die Kategorien also die Heterogenität des Datenmaterials nicht angemessen abbilden, und damit die Fallkontrastierung erschweren. Patentrezepte für einen hinreichenden Abstraktionsgrad von Subkategorien lassen sich kaum formulieren, vielmehr müssen für jede Forschungsfrage und für jede Untersuchungsgruppe „maßgeschneiderte" Lösungen gefunden werden. (vgl. hierzu auch die Ausführungen zur Bildung von Typen im Kapitel 5).

In der vorliegenden Studie müsste etwa geprüft werden, ob statt der Subkategorie *„Daimler Benz"* die Subkategorie *„großer Automobilhersteller"* oder noch allgemeiner die Subkategorie *„großer Industriebetrieb"* verwendet werden sollte, um sinnvolle Vergleichsdimensionen für eine Kontrastierung aller Fälle verfügbar zu haben. Solche Entscheidungen lassen sich jedoch nur durch einen Vergleich dieses Kategorienschemas mit den für die anderen Fälle entwickelten Kategorienschemata treffen.

Eine fallbezogene Dimensionalisierung von Kategorien ist also immer nur ein – wichtiger – Zwischenschritt, um schließlich durch einen Vergleich aller fallbezogenen Subkategorien zu einem Kategorienschema zu gelangen, mit dem die Varianz und Heterogenität der *gesamten* Untersuchungsgruppe hinlänglich abgebildet werden kann. In der Regel müssen also bei einer fallbezogenen Dimensionalisierung die Subkategorien stets für die *Mehrzahl bzw. möglichst alle Fälle* entwickelt werden.

Ein häufig beschrittener Weg qualitativer Theoriebildung ist die fallkontrastierende Analyse in drei Schritten: auf eine fallbezogene Entwicklung von Kategorien und Subkategorien (Schritt 1) folgt der Vergleich der verschiedenen einzelfallbezogenen Kategoriensysteme (Schritt 2) und auf dieser Grundlage dann die Entwicklung einer Typologie bzw. einer Theorie (Schritt 3). Die *Fallkontrastierung* erfolgt also *nach* den einzeln durchgeführten *Fall-*

rekonstruktionen (so etwa GERHARDT 1986, S. 87 ff.; 1991a, S. 438) und soll dann zu einer Übersicht über Ähnlichkeiten und Divergenzen zwischen den Fällen führen (siehe auch Kapitel 5). Die Fallkontrastierung bzw. die Weiterentwicklung eines allgemeinen Kategorienschemas kann auch *sukzessive* erfolgen, wie es GLASER und STRAUSS (1967/1998) vorschlagen. Hierbei wird das für den ersten Fall entwickelte Kategorienschema anhand weiterer Fälle nach und nach erweitert und modifiziert.

Die Konstruktion von Kategorien durch eine *sequentielle* Bearbeitung der Einzelfälle (bei der zuerst Kategorien aus der Analyse eines Einzelfalls entwickelt, danach der nächste Fall analysiert und dadurch das Kategorienschema modifiziert wird, dann der dritte Fall in Angriff genommen wird usw.) kann aber auch leicht in die Irre führen, wie das folgende Beispiel aus einem Projekt zur Lebenssituation von Jugendlichen im Heim (vgl. KELLE, MARX, PENGEL, UHLHORN, WITT 2003) zeigt. Bei der Analyse eines ersten Interviews drängte sich dem Forscherteam die Kategorie „*Beziehung*" geradezu auf: die Interviewpartnerin schilderte ihre Situation im Heim fast ausschließlich in der Perspektive von Beziehungen (zu Gleichaltrigen, Erziehern und Eltern). Im Unterschied dazu standen in einem zweiten Interview die funktionalen Aspekte des Heims im Mittelpunkt – hieraus wurde die vorläufige Kategorie „*Funktionalität*" entwickelt. Die auf den ersten Blick plausible Kontrastierung von „funktionalen" vs. „beziehungsorientierten" Jugendlichen (mit denen zwei Einzelfälle gut auf den Begriff zu bringen waren) brach jedoch bei der Analyse der folgenden Fälle wieder zusammen: Die Interviewten waren keineswegs auf einen solch einfachen Nenner zu bringen. Es fanden sich zahlreiche Mischformen, stets gab es Zuordnungsschwierigkeiten. Ein Ausweg wurde erst gefunden, als die erste (stark individuums- und persönlichkeitsbezogene) Heuristik durch einen *handlungstheoretischen* Ansatz ersetzt wurde, der an den *Handlungsproblemen* der Jugendlichen und an deren *Lösungsstrategien* ansetzte und der ohne Schwierigkeiten fallübergreifend einsetzbar war.

Die sequentielle Methode ist das traditionelle Verfahren qualitativer Fallkontrastierung, aber in den letzten Jahren wird zunehmend auch eine kategorienbezogene Synopse von Textpassagen in der qualitativen Forschung eingesetzt, bei der der themenbezogene Fallvergleich relativ rasch (und oft parallel zu Einzelfallanalysen) durchgeführt werden kann. Die zunehmende Beliebtheit der synoptischen Methode hat vor allem technische Gründe. Eine themenbezogene Synopse von Textstellen ist nach der Einführung spezieller Software zum *coding* und *retrieval* von Textstellen seit den 1980er Jahren heute sehr viel einfacher zu realisieren als noch zu den Zeiten, als nur manuelle Mittel wie Schere, Klebstoff und Karteikasten zur Verfügung stand. Heute stehen zahlreiche Programme zur Verfügung, die speziell für die Bedürfnisse qualitativen Datenanalyse geschrieben wurden wie MAXQDA oder ATLAS/TI (vgl. KUCKARTZ 2007; LEWINS, SILVER 2007; KELLE 2008b), und mit deren Hilfe kodierte Textpassagen mit minimalem Zeitaufwand aus einem großen Textkorpus herausgesucht und für eine synoptische Analyse vorbereitet werden können (die dann natürlich nicht vom Computer übernommen wird, sondern von der Forscherin geleistet werden muss, da die Entwicklung von Subkategorien kein maschinisierbarer Vorgang ist). Die Dimensionalisierung von Kategorien bzw. die Bildung von Subkategorien kann dann nicht nur auf der Grundlage einzelner Fallrekonstruktionen, sondern auch durch eine fallübergreifende, vergleichende Analyse von Textpassagen erfolgen. Im Gegensatz zu den früher verwendeten manuellen Techniken ist dabei auch der gesamte Kontext der entsprechenden Textpassagen verfügbar, so dass das größte methodologische Problem einer solchen vergleichende Analyse, dass die Textstellen aus ihrem Kontext gerissen ihren Sinn verändern oder ganz verlieren können, beherrschbar bleibt. Bei einer EDV-gestützte Synopse von Textpassagen kann die Forscherin stets „eng" an den Daten bleiben und den Kontext der betrachteten Textstellen mit einbeziehen.

In der Studie über pflegende Angehörige wurde durch eine synoptische Analyse aller Textstellen, die der heuristisch-analytischen Kategorien „Pflegefolgen" zugeordnet worden waren (mit der Textpassagen kodiert worden waren, in denen es um die Konsequenzen ging, die sich aus der Übernahme der Pflegeverantwortung für die Pflegenden ergaben), empirisch gehaltvolle Subkategorien identifiziert wie „Berufsaufgabe", „soziale Isolation" oder „erzwungene Gemeinschaft". Viele der Interviewten berichteten, wie sie durch die Übernahme der Pflegeverantwortung dazu gezwungen waren, ihre Berufstätigkeit stark zu reduzieren, zu unterbrechen oder ganz aufzugeben, wie die Pflegesituation dazu führte, dass soziale Kontakte zu Freunden und Bekannten reduziert werden mussten und wie belastend es sein konnte, nun auf einmal tagaus tagein engen Kontakt mit den pflegebedürftigen Eltern und Schwiegereltern zu haben, die man zuvor vielleicht regelmäßig gesehen, mit denen man aber nicht zusammen gewohnt hatte. Alle diese Subkategorien lassen sich wiederum unter den Oberbegriff der „caregiver burden" zusammenfassen . Damit werden in der Literatur jene spezifischen psychischen und körperlichen Belastungen zusammengefasst, die pflegende Angehörige erleben. Auch hier zeigt sich, dass es sinnvoll sein kann, während der Kategorienentwicklung zusätzliche empirisch gehaltvolle Konzepte aus der Literatur mit einzubeziehen.

Häufig ist es notwendig, eine große Anzahl von Subkategorien wieder auf wenige für die Fragestellung der Untersuchung und die Theoriebildung relevante Begriffe zu reduzieren.

In einer Interviewstudie, bei der betriebliche Ausbilder danach gefragt wurden, nach welchen Kriterien in ihrem Betrieb Jugendliche für eine Ausbildungsstelle ausgewählt werden (MARIAK, KLUGE 1999), wurden in einem ersten Schritt durch eine synoptische Analyse von Textstellen zu der Kategorie „Kriterien für die Auswahl der Lehrstellenbewerber" 15 Subkategorien gebildet (siehe Abb. 6)

Kriterien für die Auswahl von Lehrstellenbewerbern
1. berufsbezogenes Interesse
2. praktische Fertigkeiten
3. Schulzeugnisse
4. *Gesundheit*
5. *Erscheinung, moralische Werte*
6. *Arbeitstugenden (Pünktlichkeit, Verlässlichkeit)*
7. *Sozialverhalten*
8. *Eltern/sozialer Hintergrund*
9. Lebenslauf
10. *Geschlecht*
11. *„Vitamin B"*
12. Schulabschluss
13. *Vorstrafen*
14. Empfehlungsschreiben
15. *persönliche Sympathie*

Abb. 6: Zusammenfassung von Subkategorien

Die Subkategorien 1 bis 3, 9, 12 und 14 konnten zusammengefasst werden zu der Kategorie „fachlich-funktionelle Kriterien", die übrigen, in der Abbildung 6 kursiv gesetzten Subkategorien betreffen dahingegen eher die Persönlichkeit und das allgemeine Sozialverhalten der BewerberInnen und lassen sich bezeichnen als „Persönlichkeitskriterien". AusbilderInnen und Ausbildungsbetriebe unterscheiden sich sehr stark danach, ob bei der Bewerberauswahl eher fachlich-funktionelle oder eher Persönlichkeitskriterien eine Rolle spielen.

Im Verlauf der Auswertung werden oft bestimmte Kategorien als besonders wichtig erkannt und dann zur „Kernkategorie" der gesamten Studie (GLASER 1978). Deren Subkategorien können dann bereits eine Grundlage bilden für eine Typologie, die das Ergebnis der Studie bildet.

Bei der Studie zur „Späten Heirat" wurde die Kategorie *„Heiratsgründe"* anhand des empirischen Datenmaterials neu dimensionalisiert, wobei die drei Ausgangskategorien (*„traditionell", „emotional"* und *„finanziell"*) erweitert und modifiziert wurden. Hierbei konnten schließlich verschiedene Gruppen von Paaren identifiziert werden:

1. Paare, die von den ForscherInnen als *„Krisenbewältiger"* (siehe OSTNER, KUPKA, RAABE 1995, S. 428) bezeichnet werden, versuchen nach einer Reihe von biographischen Krisen, Misserfolgen und Schicksalsschlägen, ihre Lebensführung durch eine Heirat wenigstens partiell zu „normalisieren". Die Ehe wird dabei unter den Aspekten „Schutz vor dem Alleinsein" und „Rückhalt bei Krisen oder Krankheiten" betrachtet.

2. Für die Gruppe der *„Institutionalisierer"* (ebd., S. 428 f.) bedeutet die Ehe vor allem *Sicherheit* vor sozialer Ausgrenzung.

3. *„Lebensoptimierer"* (ebd., S. 429 f.) heiraten, weil sie eine institutionalisierte Form von Partnerschaft als Erweiterung von Erfahrungs- und Handlungsspielräumen betrachten. Dabei spielen auch positive soziale Konsequenzen der durch die Eheschließung erreichten Statusveränderung eine wichtige Rolle.

Die durch diese Charakterisierungen gebildeten Subkategorien sind relativ komplex, weil hier weitere Kategorien und Subkategorien berücksichtigt wurden (etwa *„Sicherheit vor sozialer Ausgrenzung"*, *„Eröffnung neuer Möglichkeiten"*, *„Erlangung bzw. Sicherung des sozialen Status"*). Wie sich hieran zeigen lässt, ist auch die Dimensionalisierung von Kategorien nur ein Zwischenschritt einer fallkontrastierenden qualitativen Analyse – sie liefert die Grundlage für die Sammlung einer manchmal beträchtlichen Fülle weiterer Informationen. Diese Informationen müssen wiederum systematisiert, gebündelt und auf die bislang entwickelten Kategorien und Subkategorien bezogen werden. Eine Möglichkeit, diese Informationen zu ordnen, sinnvoll zu bündeln und aufeinander zu beziehen, besteht nun in der Konstruktion von Typen. Mit den soeben dargestellten drei Gruppen, zwischen denen in der Ehe-Studie unterschieden wird (*„Krisenbewältiger"*, *„Institutionalisierer"*, *„Lebensoptimierer"*), liegt bereits eine einfache Typologie vor. In dem nun folgenden fünften Kapitel werden wir die einzelnen Schritte der Typenbildung anhand von weiteren Beispielen aus der Forschungspraxis ausführlich darstellen.

Kapitel 5
Konstruktion empirisch begründeter Typologien

Mit der Bildung von Kategorien und ihrer Dimensionalisierung, das heißt der theoretisch geleiteten und empirisch begründeten Bildung von Subkategorien, ist eine wesentliche Grundlage für die Konstruktion von mehrdimensionalen Typen gelegt. In diesem Kapitel wollen wir das Vorgehen bei der Entwicklung und Rekonstruktion einer solchen, auf der Kombination unterschiedlicher Kategorien beruhenden Typologie ausführlich darstellen. Zu Beginn wird in Abschnitt 5.1 ein (natürlich sehr knapper) Überblick über die Geschichte des Typusbegriffs und des Konzepts der Typenbildung in der Soziologie und Sozialforschung gegeben. Leider ist die in der Methodenliteratur verwendete Terminologie hinsichtlich zentraler Konzepte wie „Typus", „Merkmal", „Kategorie", „Merkmalsraum" und „Dimension" sehr uneinheitlich und gibt deshalb immer wieder zu Missverständnissen und zu Konfusion Anlass. In Abschnitt 5.2 werden wir diese Begriffe und ihre Beziehungen untereinander deshalb genauer erläutern. In Abschnitt 5.3 wird dann anhand empirischer Beispiele ein allgemeines vierstufiges Prozessmodell der Typenbildung beschrieben, dass mit sehr unterschiedlichen theoretischen Perspektiven der interpretativen Sozialforschung kompatibel ist.

5.1 Typusbegriff und Typenbildung in der Soziologie

Der Typusbegriff spielt seit dem Ende des 19. Jahrhunderts in den Sozialwissenschaften eine bedeutende Rolle (siehe u.a. MENGER 1883, S. 4 f, 36; WEBER 1904/1988; 1921/1972). Einen bedeutsamen Einfluss auf die Debatte hatte vor allem Max Webers Begriff des „Idealtypus": Idealtypen gewinnt man durch eine *„einseitige Steigerung eines oder einiger Gesichtspunkte und durch Zusammenschluss einer Fülle von diffus und diskret, hier mehr, dort weniger, stellenweise gar nicht, vorhandenen Einzelerscheinungen, die sich jenen einseitig herausgehobenen Gesichtspunkten fügen, zu einem in sich einheitlichen Gedankenbilde"* (WEBER 1904/1988, S. 191). Ein Idealtypus steht damit zwischen Empirie und Theorie, er bezieht sich auf reale empirische Phänomene, beschreibt sie aber nicht einfach, sondern übersteigert einige ihrer Merkmale, um zu einem Modell sozialer Wirklichkeit zu gelangen. Anhand bekannt gewordener Beispiele wie WEBERs Unterscheidung zwischen *zweckrationalem, wertrationalem, affektuellem und traditionalem Handeln* lässt sich die Funktion des Idealtypus (der, so Weber, keine Hypothese darstellt, aber der *„Hypothesenbildung die Richtung weisen"* (ebd. S. 190) soll, für die soziologische Theoriebildung gut veranschaulichen. Menschen verhalten sich zwar nur selten „rein zweckrational" – aber die Funktionsweise von Märkten bspw. lässt sich durch eine Bezugnahme auf diesen idealisierten Handlungstyp besonders einfach und sparsam erklären. „Störungen" der Zweckrationalität kann man dann nach und nach einführen, um zum Beispiel Störungen von Marktgleichgewichten zu erklären.

Weitere Impulse für den Typusbegriff gingen aus von Alfred SCHÜTZ, dem Begründer der phänomenologischen Soziologie, ein Ansatz, der die qualitative Methodentradition außerordentlich stark beeinflusst hat (SCHÜTZ 1974). SCHÜTZ versteht Typenbildung nicht nur als Werkzeug sozialwissenschaftlicher Forschung und Theoriebildung, sondern elementarer als ein Merkmal sozialen Handelns überhaupt. Alltagsweltliches Verstehen und Kommunikation ist, so SCHÜTZ, gar nicht möglich ohne beständige „Typisierung": Der Mensch muss im Alltag stets von konkreten Ereignissen, Personen und Handlungen abstrahieren, indem er das „typische" darin entdeckt und konkrete Beobachtungen unter abstrakte Konzepte fasst – man kann bspw. erst dann adäquat auf eine entgegen gestreckte Hand reagieren, wenn man sie dem Handlungstypus des „Grüßens" zugeordnet hat. Solche Typisierungen bzw. „Konstruktionen erster Ordnung" des Alltagsmenschen muss der soziologische Forscher berücksichtigen, wenn er sozialwissenschaftliche Konzepte und Theorien („Konstruktionen zweiter Ordnung") entwickeln will.

Auch in der empirischen Sozialforschung ist die Bildung von Typen eine bereits seit langem geübte Praxis. Ein berühmtes Beispiel liefert etwa die klassische „Marienthalstudie" von JAHODA, LAZARSFELD und ZEISEL aus den frühen 1930er Jahren mit ihrer Unterscheidung zwischen vier „Haltungstypen" arbeitsloser Familien: Die Familien waren entweder „ungebrochen" oder aber „resigniert", „verzweifelt" oder „apathisch" (vgl. JAHODA, LAZARSFELD, ZEISEL 1933/1982, S. 70 ff.). Elaborierte methodologische Arbeiten zu dem konkreten Vorgehen bei der Typenbildung in der qualitativen Forschung liegen aber erst seit den 1980er Jahren vor (ausführlich hierzu KLUGE 1999, S. 13 ff.). Hier sind vor allem die Arbeiten von Uta GERHARDT zu nennen, die den Prozess der Typenbildung in ihrer Studie über die Rehabilitation von Männern mit chronischer Niereninsuffizienz ausführlich beschrieben und methodisch reflektiert hat (GERHARDT 1986). Das zentrale Ziel des methodischen Vorgehens war es dabei, durch Fallvergleich und Fallkontrastierung einen Überblick über Ähnlichkeiten und Unterschiede im Datenmaterial *„sowohl auf Einzelfallebene wie über ein Gesamt zahlreicher Fälle"* (GERHARDT 1986, S. 91) zu erhalten, so dass (möglichst) ähnliche Fälle zu Gruppen zusammengefasst und von (möglichst) differenten Fällen getrennt werden können. Durch die Kontrastierung der Fälle sollten Begrifflichkeiten entstehen, mit deren Hilfe die entdeckten Ähnlichkeiten und Unterschiede sowie *„ihre übergreifende Struktur"* beschrieben werden können (GERHARDT 1986, S. 90 f).

Insgesamt wird eine vergleichende Konstrastierung oder „komparative Analyse" immer wieder als das zentrale Verfahren der Typenbildung beschrieben, so etwa auch bei dem computergestützten Verfahren der „typologischen Analyse" qualitativen Datenmaterials, das Udo KUCKARTZ entwickelt hat (KUCKARTZ 1988; 2007, S. 97 ff.) oder bei der Typenbildung im Rahmen der „dokumentarischen Methode", wie Ralf BOHNSACK und Iris NENTWIG-GESEMANN sie beschreiben (BOHNSACK 2007b, NENTWIG-GESEMANN 2007; BOHNSACK, NENTWIG-GESEMANN 2003). Hierbei werden entweder zuerst ausführliche Einzelfallanalysen durchgeführt, um „Achsen" (= Vergleichsdimensionen) für die Verallgemeinerung von Besonderheiten der Fälle (GERHARDT 1986, S. 87 ff; 1991a, S. 438) zu identifizieren, oder es werden relativ rasch Textpassagen auch fallübergreifend anhand gemeinsamer Themen miteinander verglichen (BOHNSACK 2007b, S. 235). Der Vergleich von Einzelfallanalysen oder von Textpassagen aus dem Fallmaterial anhand von „Themen" (BOHNSACK 2007b, S. 235), „Achsen" des Fallvergleichs (GERHARDT 1986, S. 87), „Codes" bzw. „thematischen Kategorien" (KUCKARTZ 2007), hat dabei stets denselben Zweck: es sollen Ähnlichkeiten und Unterschiede ermittelt werden, mit deren Hilfe das Datenmaterial strukturiert und eine (oder mehrere) Typologie(n) gebildet werden können.

5.2 Typen, Merkmale, Dimensionen und Merkmalsräume

Eine *Typologie* ist immer das Ergebnis eines Gruppierungsprozesses, bei dem ein Objektbereich anhand eines oder mehrerer Merkmale in Gruppen bzw. Typen eingeteilt wird (siehe u.a. ZIEGLER 1973, S. 20; SODEUR 1974, S. 24; BAILEY 1994, S. 1 f; LAMNEK 2005, S. 736), so dass sich die Elemente innerhalb eines Typus möglichst ähnlich sind (*interne Homogenität* auf der „Ebene des Typus") und sich die Typen voneinander möglichst stark unterscheiden (*externe Heterogenität* auf der „Ebene der Typologie"; siehe auch KLUGE 1999, S. 26 ff.). Mit dem Begriff *Typus* werden die gebildeten Teil- oder Untergruppen bezeichnet, die gemeinsame Eigenschaften aufweisen und anhand der spezifischen Konstellation dieser Eigenschaften beschrieben und charakterisiert werden können (vgl. SODEUR 1974, S. 9). Es handelt sich also um eine *„Zusammenfassung jener Objekte zu Typen, die einander hinsichtlich bestimmter Merkmale ähnlicher sind als andere"* (BÜSCHGES 1989, S. 249).

Dies ist eine sehr allgemeine, formale und logische Definition und Begriffsklärung, wie sie für alle möglichen Wissenschaften und Wissensfelder

Bestand hat, also nicht nur für die Sozialwissenschaften, sondern auch für Klassifikation und Typenbildung bspw. in der Archäologie oder der Biologie. Allgemeine und formale Begriffe dieser Art sind für die Entwicklung einer gemeinsamen Verständnisbasis im Rahmen methodologischer Diskurse unerlässlich. Oft wird die Methodendebatte nämlich dadurch erschwert, dass unterschiedliche Begriffe für denselben Sachverhalt verwendet werden oder dieselben Begriffe unterschiedlich verstanden werden.

Die erste wichtige Klarstellung betrifft die Frage, was die „Elemente" der Typen sind oder sein können. Oft wird davon ausgegangen, dass es sich dabei automatisch um jene „Fälle" handelt, die die Forscherin für die Datenerhebung definiert, so dass es sich etwa in qualitativen Interviewstudien bei den Fällen grundsätzlich um InterviewpartnerInnen handelt. Diese Festlegung ist für manche Forschungsfragestellungen (etwa in der Biographieforschung) sicher sinnvoll. Oft ist es aber angemessener, größere soziale Einheiten, bspw. Familien (vgl. dazu etwa JAHODA, LAZARSFELD, ZEISEL 1933/1982, s.o.), Organisationen oder auch ganze Gesellschaften als „Fälle" zu betrachten und zu Typen zu ordnen. In anderen Fällen kann es sinnvoll sein, als Grundelemente der Typenbildung Ereignisse, Situationen oder Handlungen zu verwenden (und etwa, ähnlich wie dies Max WEBER für die Allgemeine Soziologie getan hatte, für ein konkretes und beschränktes Handlungsfeld „Handlungstypen" zu beschreiben). Manchmal muss man sich dabei ganz von der ursprünglichen Definition des „Falles", wie sie für die Datenerhebung maßgeblich war, lösen: Wenn bspw. Typen von „Handlungsstrategien" gebildet werden, wird möglicherweise derselbe Datenerhebungsfall (= dasselbe Interview) mehreren Typen zugeordnet werden können (weil etwa die Interviewpartnerin im Lauf einer biographischen Entwicklung auf Handlungsanforderungen jeweils unterschiedlich reagiert hat).

Eine zweite wichtige Klärung betrifft die Frage, was die „Eigenschaften" bzw. „Merkmale", anhand derer sich Typen unterscheiden, sein können. Hierzu muss die Bedeutung von Begriffen wie „Kategorien", „Subkategorien", „Klassen", „Dimensionen", „Variablen", „Merkmalen" oder „Merkmalsausprägungen", die oft Ähnliches bezeichnen, richtig verstanden werden:

Kategorie ist das allgemeinste dieser Konzepte. Hierunter kann man jeden Begriff verstehen, dem bestimmte Phänomene im Datenmaterial zugeordnet werden können, unabhängig davon, ob dieser Begriff ein einfaches Nomen (*„Gefühlsarbeit"*) ist oder zusammengesetzt aus mehreren Worten, Adjektiven und Verben (etwa *„assessing potential losses"* oder *„managing emotions"*, vgl. CHARMAZ 2006, S.58), ob er inhaltlich sehr einfach und alltagsnah (*„Schulabschluss"*) oder theoretisch sehr abstrakt und komplex ist (*„charismatische Herrschaft"* oder *„zweckrationales Handeln"* nach WEBER). Auch ein Typus ist also letztendlich nichts anderes als eine Kategorie – unter dieser Perspektive sind die verschiedenen Typen des Handelns nach WEBER „Subkategorien" der (allgemeineren) Kategorie „soziales Handeln". In der qualitativen Forschung verwendet man – im Anschluss an GLASER und STRAUSS – oft die Begriffe „*Kategorie*" und „*Subkategorie*". Will man bestimmte Phänomene anhand von Kategorien vergleichen, dann muss man mindestens zwei Möglichkeiten zulassen: Das Phänomen kann der Kategorie zugeordnet werden oder nicht. Kategorien lassen eine solche Möglichkeit immer (aber oft nur implizit!) zu: „Schulabschluss" impliziert, dass auch „kein Schulabschluss" möglich ist, „Gefühlsarbeit" lässt auch an Situationen denken, in denen keine Gefühlsarbeit geleistet wird usw. Die Verwendung der eher in der quantitativen Sozialforschung gebräuchlichen Begriffe „*Merkmal*" (oder „*Variable*") für „Kategorie" und „*Merkmalsausprägung*" für „Subkategorie" macht diesen Umstand noch deutlicher. Dem Merkmal „*Schulabschluss*" könnte man bspw. die Ausprägungen „Hauptschule", „Realschule", „Abitur" usw. zuordnen. Alle Ausprägungen eines Merkmals bzw. einer Variablen bilden dann zusammen eine „Dimension" oder einen „Merkmalsraum". „Dimensionalisierung" ist also der Vorgang, bei dem man Ausprägungen für Merkmale oder Subkategorien für Kategorien sucht.

Typologien lassen sich bereits aufgrund eines einzelnen Merkmals bilden – HEMPEL und OPPENHEIM sprechen hier von „eindimensionalen Typologien" (HEMPEL, OPPENHEIM 1936). So gesehen stellt also bereits die Unterscheidung zwischen verschiedenen Schulabschlüssen eine einfache Typologie dar. Typologien lassen sich aber auch durch eine „*Kombination von Merkmalen*" (LAZARSFELD 1937; BARTON 1955) als „mehrdimensionale Typologien" bilden und darstellen. Hierzu werden die relevanten Untersuchungskategorien (= Merkmale) nach ihrer Dimensionalisierung miteinander kombiniert und der so entstehende Merkmalsraum (re-)konstruiert.

Dieser Vorgang lässt sich besonders übersichtlich mit Hilfe einer Mehrfeldertafel (siehe auch BARTON 1955; LAZARSFELD 1937; LAZARSFELD, BARTON 1951) darstellen. Wir verwenden hierzu ein Beispiel aus der Studie von Uta GERHARDT über „Patientenkarrieren" (GERHARDT 1986). In dieser biographischen Interviewstudie sollte die Frage geklärt werden, wie sich chronisches Nierenversagen männlicher Patienten auf den konkreten Lebensverlauf sowie die weitere Lebensplanung der Patienten und ihrer Familien auswirkt (ausführlich zur Forschungsfrage siehe GERHARDT 1986, S. 12-64). Einer der ersten Schritte der Datenanalyse bestand darin festzustellen, in welcher Weise in den untersuchten Familien die wirtschaftliche Existenzsicherung betrieben wurde. Hierbei ließen sich vier verschiedene „*Typen der Familienrehabilitation*" identifizieren, in Abhängigkeit davon, welcher der Ehepartner die wirtschaftliche Existenzsicherung der Familie übernahm:

1. Bei der *traditionalen Familienrehabilitation* ist der Patient auch nach Beginn der chronischen Nierenerkrankung weiterhin Hauptverdiener und Haushaltsvorstand und soll es auch in Zukunft bleiben.

2. Bei der *Rehabilitation durch Arbeitslosigkeit* verliert der Patient zwar seinen Arbeitsplatz, bleibt aber wie bisher Haushaltsvorstand. Die Ehefrau ist und bleibt für die gesamte Hausarbeit zuständig, während nur der Patient sich wieder um Arbeit bemüht.

3. Bei der *„dual-career"-Familienrehabilitation* bleiben beide Ehepartner berufstätig und sorgen weiterhin gemeinsam für den Lebensunterhalt.

4. Bei der *rationalen Familienrehabilitation* übernimmt die Ehefrau die Sorge für den Familienunterhalt. In diesen Fällen bestand entweder bereits vor dem Beginn der Erkrankung eine *dual-career*-Struktur und die Frau arbeitet wie bisher weiter, während der Mann arbeitslos wird. Oder es bestand eine traditionell arbeitsteilige Ehe und die Ehefrau übernimmt nach dem Eintritt der Erwerbslosigkeit des Patienten seine Funktion als Hauptverdiener und Haushaltsvorstand vollständig.

Um den dazugehörigen Merkmalsraum zu bilden, können zunächst die beiden Kategorien bzw. Merkmale *„zentraler Tätigkeitsbereich des Mannes"* und *„zentraler Tätigkeitsbereich der Frau"* dimensionalisiert werden, indem ihnen die Subkategorien bzw. Merkmalsausprägungen *„Haus"* und *„Beruf"* zugeordnet werden. Durch eine Kreuztabellierung der vier Subkategorien (vgl. Abb. 6) ergeben sich schließlich die vier Typen der Familienrehabilitation (vgl. auch GERHARDT 1986, S. 257).

Tätigkeitsbereich des Mannes	Tätigkeitsbereich der Frau	
	Beruf	Haus
Beruf	dual-career (3*)	traditional (1)
Haus	rational (4)	Arbeitslosigkeit (2)

* Die Zahlen beziehen sich auf die von GERHARDT beschriebenen vier Grundtypen der Familienrehabilitation.

Abb. 6: Formen der Familienrehabilitation und Tätigkeitsbereiche von Mann und Frau

Eine Typologie kann auf eine solche Weise nicht nur systematisch und explizit durch eine Kombination von Merkmalen konstruiert werden, oft ist es auch möglich, *ex post* nicht explizierte Kategorien und Merkmalsräume zu rekonstruieren und tabellarisch darzustellen, die bestehenden Typologien zugrunde liegen.

Die von GLASER und STRAUSS in ihrer Studie zur „Interaktion mit Sterbenden" entwickelte Typologie von Bewusstseinskontexten (GLASER, STRAUSS 1974) lässt sich durch eine Kombination dreier Merkmale rekonstruieren: (1.) die *Information*, die ein

Patient vom Personal über seinen bevorstehenden Tod bekommt, (2.) das *Bewusstsein* des Patienten darüber, dass er bald sterben wird, und (3.) das Ausmaß, in dem der Patient *sein eigenes Wissen* darüber dem Personal mitteilt. Da jede dieser Kategorien im einfachsten Fall zwei Subkategorien hat (das Personal kann die Information geben oder nicht geben, der Patient kann ein Bewusstsein darüber besitzen oder nicht besitzen, und er kann sein Wissen mitteilen oder es unterlassen), ergeben sich acht Möglichkeiten, von denen einige als offensichtlich unsinnig ausgeschlossen werden können: etwa der Fall, dass der Patient vom Personal über seinen bevorstehenden Tod informiert wurde und sein Wissen darüber gleichzeitig vorenthält. Übrig bleiben vier logisch mögliche und inhaltlich sinnvolle Bewusstseinskontexte: (1.) der *offene Bewusstseinskontext* (der Patient weiß Bescheid, weil ihn das Krankenhauspersonal informiert hat), (2.) der *geschlossene Bewusstseinskontext* (der Patient wurde nicht informiert und ahnt auch nichts von seinem bevorstehenden Tod), (3.) der *argwöhnische Bewusstseinskontext* (der Patient wurde zwar nicht informiert, ahnt aber etwas oder weiß aus anderer Quelle über seinen bestehenden Tod und spricht das Personal darauf hin an) und (4.) der *Bewusstseinskontext der wechselseitigen Täuschung* (der Patient wird nicht informiert, weiß und ahnt aber etwas, wobei er dieses Wissen vor dem Personal verbirgt).

Durch eine solche „dimensionale Analyse" lässt sich auch die Mehrdimensionalität vieler Merkmale und Typologien aufzeigen, die auf den ersten Blick eindimensional zu sein scheinen. Weiterhin wird deutlich, dass der Prozess der Typenbildung rekursiv ist: Durch eine Kombination von Typologien (die selber wieder Kategorien bzw. Merkmale sind und deren Typen Subkategorien bzw. Merkmalsausprägungen darstellen) lassen sich im Prinzip weitere Typologien bilden, indem neue Merkmalsräume aufgespannt werden, in denen neue Typen verortet werden können (ausführlich hierzu KLUGE 1999).

Die Verwendung eindeutiger und verständlicher Konzepte von „Typus", „Typologie", „Merkmal", „Kategorie" und „Dimension", wie sie sich etwa im Anschluss an HEMPEL und OPPENHEIM, LAZARSFELD und BARTON (und, mit gewissen Einschränkungen, auch an GLASER und STRAUSS) durchgesetzt haben und die anschlussfähig an andere Wissenschaften sind, ist deshalb von zentraler Bedeutung, weil ansonsten leicht Missverständnisse entstehen können.

Beispiele für solche Missverständnisse finden sich etwa bei BOHNSACK (2007b) und NENTWIG-GESEMANN (2007) (vgl. auch BOHNSACK, NENTWIG-GESEMANN 2003). Diese Autoren versuchen die *Rekursivität von Typologien* (die Tatsache, dass Typologien auf unterschiedlichen Ebenen mit unterschiedlichen Merkmalen konstruiert und kombiniert werden und als Ergebnis neue Typologien entstehen können) begrifflich aufzulösen, indem sie unterscheiden zwischen Typologien, die zu Anfang des Analyseprozesses entwickelt werden (wofür sie den in der Persönlichkeitspsychologie bis in die frühen 1950er Jahre oft verwendeten Begriff der „Typik" verwenden) einerseits und Typologien als Endergebnis der Analyse andererseits. Die Autoren kritisieren dann die Beschränkung der Typenbildung auf die „*Unterscheidung von maximal kontrastierenden Einzelfällen*" und fordern eine Typenbildung durch eine Erfassung von Fällen „*in ihren verschiedenen Dimensionen*" (NENTWIG-GESEMANN 2007, S. 290). Aus dem bislang Gesagten sollte deutlich geworden sein, dass eine solche Unterscheidung gar keinen Sinn machen kann: *Ohne* eine Beschreibung von Fällen (die nicht identisch sein müssen mit den für die Datenerhebung festgelegten Untersuchungseinheiten wie bspw. Interviews) „in ihren verschiedenen Dimensionen" ist ein Vergleich und eine Zuordnung zu Typen grundsätzlich nicht möglich. Die Verwendung der klassischen Terminologie der Typenbildung führt deshalb auch nicht dazu, dass „*jeder Fall lediglich einen Typus repräsentiert und in diesem Sinne eindimensional bleibt*" (BOHNSACK, NENTWIG-GESEMANN 2003, S. 165, vgl. auch NENTWIG-GESEMANN 2007, S. 283). Bei Beachtung der Rekursivität von Typologien führt eine sorgfältige dimensionale Analyse und (Re)konstruktion des Merkmalsraums vielmehr immer zu der Einsicht, dass jeder Fall sich in verschiedenen Merkmalsräumen verorten lässt und auch verschiedenen Typen angehört.

Eine Kreuztabellierung von Kategorien bzw. Merkmalen ist nicht nur eine Methode zur Kontrolle der Typenbildung, sondern noch viel mehr eine heuristische Strategie zur *Theoriebildung*. Bereits die Kombination von Merkmalsausprägungen bzw. Typen kann auf potentielle Zusammenhänge zwischen den Merkmalen und Typen verweisen. Fälle, die einer Merkmalskombination zugeordnet werden, können dann auf weitere Gemeinsamkeiten und Unterschiede hin untersucht werden und die Identifikation einer neuen Typologie anregen. Dabei ist die Einteilung der Fälle in unterschiedliche Gruppen immer nur ein Mittel zum Zweck, um jene *inhaltlichen* Ordnungen bzw. „sozialen Strukturen" zu verstehen und zu erklären, die zur Gruppierung von Fällen in Typen geführt haben. Das Zusammentreffen bestimmter Merkmalskombinationen sollte also die Grundlage für die Suche nach „*inneren*" oder „*Sinnzusammenhängen*" darstellen. Hierauf hatte bereits Max WEBER hingewiesen: Es müssen *sowohl* empirische Regelmäßigkeiten und Korrelationen (also in unserem Fall: die Tatsache, dass bestimmte Merkmalskombinationen im Datenmaterial beobachtbar sind) festgestellt werden *als auch* die bestehenden Sinnzusammenhänge analysiert werden, wenn man zu einer „*richtigen kausalen Deutung typischen Handelns*" und zu „*verständlichen Handlungstypen, also: ‚soziologischen Regeln'*" gelangen will (WEBER 1921/1972, S. 5 f; vgl. hierzu auch GERHARDT 1986, S. 91). Diese Sinnzusammenhänge bilden die eigentliche Grundlage für die Theoriebildung auf der Basis qualitativen Datenmaterials. Der Prozess der Typenbildung darf also nicht als eine rein technische (Re)Konstruktion von Merkmalsräumen und Identifikation von Merkmalskombinationen verstanden werden – vielmehr geht es darum, den „Sinn" und die „Bedeutung" dieser Merkmalskombinationen zu erfassen. Viele AutorInnen betonen deshalb neben der deskriptiven Strukturierungs- und Ordnungsfunktion von Typologien deren *heuristische* Funktion: Typologien verweisen auf inhaltliche Sinnzusammenhänge und können damit eine Grundlage für Theoriebildung schaffen. Aber nur dann, wenn Typologien so komplex formuliert und tiefgehend analysiert werden, dass sie schließlich ein System miteinander verknüpfter Hypothesen darstellen, können sie selbst als „theoretische Systeme" bezeichnet werden. Oft stellen Typologien aber lediglich einen notwendigen *„Zwischenschritt der Theoriebildung"* dar, indem sie zur Hypothesenbildung anregen (siehe KLUGE 1999, S. 48 ff.).

5.3 Der Prozess der Typenbildung

Ganz allgemein lässt sich der Prozess der Typenbildung in vier Teilschritte oder Stufen einteilen (siehe Abb. 7; vgl. KLUGE 1999, S. 260 ff.):

1. *Erarbeitung relevanter Vergleichsdimensionen*: Hierbei geht es darum, jene Kategorien bzw. Merkmale zu erarbeiten und zu definieren, mit deren Hilfe Ähnlichkeiten und Unterschiede zwischen den Fällen (Personen, soziale Gruppen, Verhaltensweisen, Handlungen, Ereignissen, Normen, Städte, Organisationen u.v.a.m.) angemessen erfasst und anhand derer die ermittelten Gruppen und Typen charakterisiert werden können. Zu dieser Stufe der Typenbildung gehört insbesondere auch die in Kapitel 4 ausführlich beschriebene „Dimensionalisierung", d.h. die Bestimmung von relevanten Subkategorien bzw. Merkmalsausprägungen.

2. *Gruppierung der Fälle und Analyse empirischer Regelmäßigkeiten*: Hierbei werden die Fälle anhand der definierten Vergleichsdimensionen (bzw. Kategorien) und ihrer Ausprägungen (bzw. Subkategorien) gruppiert und die ermittelten Gruppen hinsichtlich empirischer Regelmäßigkeiten untersucht. Verwendet man hierzu das Konzept des *Merkmalsraums* (s.o.), so kann man einen Überblick sowohl über *alle potentiellen* Kombinationsmöglichkeiten als auch über die konkrete empirische Verteilung der Fälle auf die Merkmalskombinationen erhalten. Auch geht es bei dieser Auswertungsstufe wiederum um Fallkontrastierungen: Fälle, die einer Merkmalskombination zugeordnet werden, müssen miteinander *verglichen* werden, um die *interne Homogenität* der gebildeten Gruppen (die die Grundlage für die späteren Typen bilden) zu überprüfen, denn auf der „Ebene des Typus" müssen sich die Fälle weitgehend ähneln. Des Weiteren müssen die Gruppen untereinander verglichen werden, um zu überprüfen, ob auf der „Ebene der Typologie" eine genügend hohe externe Heterogenität herrscht, d.h. ob die entstehende Typologie genügend Varianz (also Unterschiede) im Datenmaterial abbildet.

3. *Analyse inhaltlicher Sinnzusammenhänge*: Wenn die untersuchten sozialen Phänomene nicht nur beschrieben, sondern auch verstanden und erklärt werden sol-

len, müssen die inhaltlichen Sinnzusammenhänge analysiert werden, die den empirisch vorgefundenen Gruppen bzw. Merkmalskombinationen zugrunde liegen. In der Regel werden diese Analysen von einer Reduktion des Merkmalsraums und damit der Gruppen (= Merkmalskombinationen) auf wenige Typen begleitet.

4. *Charakterisierung der gebildeten Typen*: Abschließend werden die konstruierten Typen umfassend anhand ihrer Merkmalskombinationen sowie der inhaltlichen Sinnzusammenhänge charakterisiert.

Bei diesem Modell handelt es sich allerdings *nicht* um ein starres und lineares Auswertungsschema. Die einzelnen Stufen bauen zwar logisch aufeinander auf – so können die Fälle erst den einzelnen Merkmalskombinationen zugeordnet werden, wenn durch die vorherige Erarbeitung der Vergleichsdimensionen ein Merkmalsraum festgelegt worden ist – die Stufen können jedoch mehrfach durchlaufen werden und werden dies in der Regel auch, wenn mehrdimensionale Typologien entwickelt werden sollen.

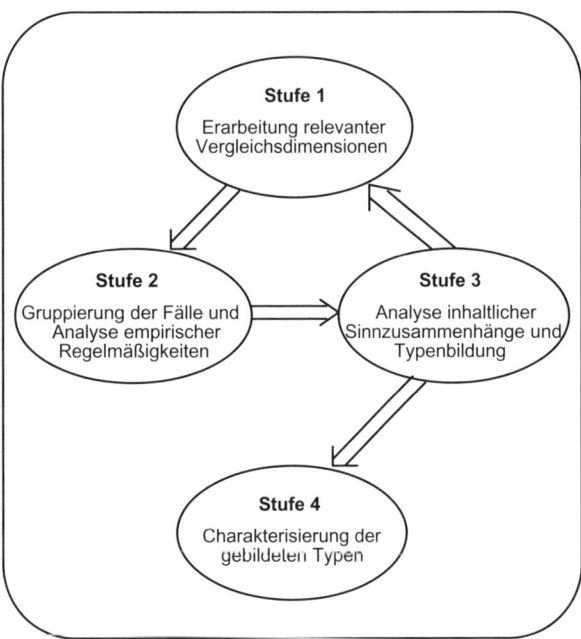

Abb. 7: Stufenmodell empirisch begründeter Typenbildung

Insbesondere bei der Analyse inhaltlicher Sinnzusammenhänge (Stufe 3) werden – oftmals durch abduktive Schlussfolgerungen – neue relevante Merkmale identifiziert, die dazu führen, dass der Prozess der Typenbildung gewissermaßen auf einer Ebene höherer Komplexität fortgeführt wird, indem aus der bislang entwickelten Typologie und dem neuen Merkmal eine neue Typologie mit zusätzlichen Dimensionen entwickelt wird. Man steigt also ein weiteres Mal in den Kreislauf der Typenbildung ein, der mit der Explikation der Vergleichsdimensionen auf Stufe 1 beginnt, zu einer Erweiterung der Merkmalsraums und dann zu einer neuen Gruppierung der Fälle führt (Stufe 2), die wiederum einer inhaltlichen Analyse (Stufe 3) unterzogen werden müssen (siehe Abb. 7). Im Folgenden werden die einzelnen Stufen und Teilschritte der Typenbildung anhand von Beispielen aus der Forschungspraxis erläutert und diskutiert.

5.3.1 Die Erarbeitung relevanter Vergleichsdimensionen

Da eine Typologie (explizit oder implizit) aus einer Kombination von Kategorien bzw. Merkmalen entwickelt wird, besteht der erste Schritt einer expliziten Typenbildung darin, jene Merkmale bzw. Vergleichsdimensionen zu identifizieren, die die Basis für die spätere Typologie bilden sollen. Ziel ist es dabei, solche Kategorien zu finden bzw. Kategorien in einer solchen Weise zu dimensionalisieren, dass die Fälle, die einer Merkmalskombination zugeordnet werden, sich möglichst ähneln, wobei aber zwischen den einzelnen Gruppen bzw. Merkmalskombinationen maximale Unterschiede bestehen sollen – die Typologie soll m.a.W. auf der *Ebene der Typen* maximal „intern" homogen sein, auf der *Ebene der Typologie* jedoch maximal „extern" heterogen. Es müssen also Kategorien und Subkategorien erarbeitet werden, mit deren Hilfe die im Untersuchungsfeld tatsächlich bestehenden Ähnlichkeiten (interne Homogenität) und Unterschiede (externe Heterogenität) zwischen den Untersuchungselementen (Personen, soziale Gruppen, Verhaltensweisen, Handlungen, Ereignissen, Normen, Städte, Organisationen etc.) möglichst gut beschrieben und anhand derer die ermittelten Gruppen und Typen schließlich charakterisiert werden können.

Die Vergleichsdimensionen können dabei auf *deduktivem*, (qualitativ) *induktivem* oder auf *abduktivem* Weg entwickelt werden (vgl. dazu auch Abschnitt 1.3); das heißt es werden entweder bereits vorhandene und bekannte Kategorien genutzt oder es werden – insbesondere dann, wenn das Material überraschende Phänomene zeigt, die mit verfügbaren theoretischen oder alltagsweltlichen Begriffen nicht auf den Punkt gebracht werden können – gänzlich neue und bislang unbekannte Kategorien gefunden. „Abduktive

Gedankenblitze" sind allerdings (auch in der qualitativen Sozialforschung) nicht gerade häufig (vgl. REICHERTZ 2003). Auch der *ad hoc* erfolgende („qualitativ induktive") Rückgriff auf theoretische Wissensbestände zur Identifikation relevanter Vergleichsdimensionen wird manchen nicht so routinisierten Forscher überfordern. Allerdings kann auch im Kontext einer qualitativen Forschungslogik auf bereits vorhandene und am Anfang festgelegte Kategorien zurückgegriffen werden, solange diese Kategorien hinreichend offen sind und nicht zuviel empirischen Gehalt besitzen (vgl. hierzu die Abschnitte 2.2.4 und 4.2). Vergleichsdimensionen können erstens den *Kriterien für die Fallauswahl* bzw. dem *Stichprobenplan* (vgl. Kap. 3), zweitens dem Erhebungsinstrument (bspw. dem *Interviewleitfaden*) entnommen werden oder sie können drittens im Rahmen der *Kodierung des Materials* (vgl. Kap. 4) entwickelt werden.

1. Die verschiedenen in Kapitel 3 beschriebenen Formen der kriteriengeleiteten Fallauswahl lassen sich auch für die Typenbildung nutzen. Die Kategorien und Merkmale, die die Grundlage für die Konstruktion eines Merkmalsraums bilden, können dabei sukzessive im qualitativen Forschungsprozess entwickelt werden, wie bei dem von CRESSEY und LINDESMITH vorgeschlagenen Verfahren der „Suche nach Gegenbeispielen" oder beim „theoretischen Sampling" nach GLASER und STRAUSS. Die Merkmale bzw. Kategorien, können jedoch auch dann, wenn die UntersucherInnen bereits zu Beginn der Untersuchung über Arbeitshypothesen über relevante strukturelle Einflussfaktoren im untersuchten Feld verfügen, in die Konstruktion eines vor Beginn der Datenerhebung festgelegten qualitativen Stichprobenplans einfließen.

2. Die Entwicklung eines Interviewleitfadens bildet die zweite wichtige Möglichkeit, zentrale Vergleichsdimensionen zu bestimmen, die zur Bildung von Typologien verwendet werden können. In Uta GERHARDTs Studie über „Patientenkarrieren" (GERHARDT 1986) etwa bilden bereits die Interviewthemen die ersten Vergleichsdimensionen bzw. Merkmale für die Typenbildung. Die männlichen Patienten sowie ihre Ehefrauen werden in den Leitfadeninterviews zu Themenbereichen bzw. „Subkarrieren" befragt, auf die sich die Auswertung im weiteren konzentriert, nämlich zur *medizinischen Behandlungskarriere* und zu beruflichen und familiären „Subkarrieren", wobei Informationen zur *Berufstätigkeit beider Ehepartner*, zur *Einkommenssituation* und zur *Familiensituation* im Zeitverlauf erfasst werden (GERHARDT 1986, S. 70 ff., 107).

3. Die Kodierung des Datenmaterials, die entweder in der Form des „offenen Kodierens" *ad hoc* oder anhand eines Kategorienschemas durchgeführt wird und die hierbei stattfindende Dimensionalisierung des Kategorienschemas (vgl. Kapitel 4) repräsentieren schließlich die dritte wichtige Möglichkeit zur Bestimmung relevanter Vergleichsdimensionen. Oft bilden die Kategorien, die sich aus einer thematischen Gliederung des Datenmaterials ergeben, den Ausgangspunkt für eine

Dimensionalisierung. Dabei kann es sich um abstrakte, empirisch wenig gehaltvolle soziologische Konzepte (*„Aspirationen", „Realisationen", „Bilanzierungen"*, vgl. Abschnitt 4.2.1) oder um Alltagskonzepte (*„Lebenssituation beim Kennenlernen", „Beziehungsgeschichte"*, vgl. Abschnitt 4.2.2) handeln. Die entsprechenden Subkategorien können anhand begrifflichen Vorwissens expliziert und damit vor der Datenanalyse formuliert werden (Abschnitt 4.4.1) oder durch eine vergleichende Analyse der zu den Kategorien gehörigen Textpassagen erarbeitet werden (Abschnitt 4.4.2). Die durch eine synoptische Analyse von Textsegmenten (anhand von Unterschieden und Ähnlichkeiten) gefundenen Subkategorien bilden also schon oft die Typen von ersten einfachen („eindimensionalen") Typologien.

Im Rahmen seines Verfahrens der *„typologischen Analyse"* schlägt KUCKARTZ eine zusätzliche Form der Kodierung und Dimensionalisierung vor. Neben der „textbezogenen" Feincodierung, bei der die Ausprägungen bzw. Subkategorien bestimmter Merkmale bzw. Kategorien einzelnen Textstellen zugeordnet werden, schlägt er eine „fallbezogene Feincodierung" vor (KUCKARTZ 2007, S. 100): hier wird *„auf der Ebene des Falls"* (d.h. hier: bezogen auf ein Interview) kodiert, indem *„aufgrund der Inspizierung aller die Kategorie betreffenden Textsegmente eine Gesamtbewertung der Person"* (ebd., S. 101) vorgenommen wird. Dieses Vorgehen hat den Vorteil, dass die so gewonnenen Daten (die Ausprägungen der Merkmale bezogen auf die einzelnen Fälle) anschließend statistisch auswertbar sind. Das von Udo KUCKARTZ und Kollegen entwickelte Softwarepaket MAXQDA bietet entsprechend eine Schnittstelle zu SPSS an, mit deren Hilfe die Kodierdaten in eine SPSS-Datenmatrix ausgelesen werden können. Die qualitative Typenbildung kann ergänzt und erweitert werden durch eine Typenbildung mit Hilfe explorativer statistischer Analyseverfahren (also etwa durch Clusteranalysen oder Konfigurationsfrequenzanalysen), mit deren Hilfe automatisiert Typen von Fällen identifiziert werden können, die sich hinsichtlich möglichst vieler Merkmale ähneln. Eine solche Quantifizierung qualitativer Daten, also die Bildung von Variablen, führt zu einer erheblichen Datenreduktion, mit der dem *data overload* qualitativer Studien begegnet werden kann. Durch die Verbindungsmöglichkeiten von qualitativen und quantitativen Daten innerhalb von MAXQDA können außerdem bestimmte methodische Risiken einer solchen Quantifizierung vermieden werden, weil nicht nur der Bezug zu den Originaldaten bestehen bleibt, sondern die vorgenommene Reduktion auch jederzeit schnell nachvollzogen und überprüft werden kann. Quantifizierung kann jedoch auch zu *erheblichen Informationsverlusten* führen, wenn die Definition der Variablen und ihrer Ausprägungen dem Informationsgehalt der Daten nicht gerecht wird. Werden die Merkmale außerdem dichotomisiert und Variablen, die viele fehlende Werte aufweisen,

von den weiteren Analysen ausgeschlossen, um Vergleichbarkeit zu gewähr-
leisten, kommt es möglicherweise zu zusätzlichen Informationsverlusten.
KUCKARTZ betont allerdings, dass bei der „typologischen Analyse" „statistische Verfahren lediglich als Hilfsmittel bei einem bestimmten Analyseschritt
eingesetzt" werden sollen, um „nicht gegen die Ansprüche einer interpretativen Analyse" zu verstoßen (ebd. S. 229).

5.3.2 Gruppierung der Fälle und Analyse empirischer Regelmäßigkeiten

Aufbauend auf der ersten Stufe der Typenbildung – der Erarbeitung relevanter Vergleichsdimensionen – folgt als zweite Stufe die Gruppierung der Fälle
und die Analyse empirischer Regelmäßigkeiten. Hierzu werden Fälle anhand
der definierten Vergleichsdimensionen und ihrer Ausprägungen – oder, mit
anderen Worten: anhand einer Kombination der Subkategorien (bzw. Merkmalsausprägungen) verschiedener Kategorien (bzw. Merkmale) – gruppiert
und die ermittelten Gruppen hinsichtlich empirischer Regelmäßigkeiten untersucht.

Um diese Ordnung des Materials bzw. Gruppierung von Fällen anhand
der zentralen Kategorien, die den eigentlichen Übergang von der Dimensionalisierung zur Typenbildung markiert, systematisch und nachvollziehbar zu
gestalten, sollte grundsätzlich das Konzept des Merkmalsraums eingesetzt
werden (siehe oben und vgl. HEMPEL, OPPENHEIM 1936; LAZARSFELD 1937;
LAZARSFELD, BARTON 1951; BARTON 1955; KLUGE 1999).

Kategorie A	Kategorie B	
	Subkategorie B1	Subkategorie B2
Subkategorie A1	Fälle mit der Merkmals- kombination A1, B1	A1, B2
Subkategorie A2	A2, B1	A2, B2

Abb. 8: Darstellung von Merkmalskombinationen in einer Kreuztabelle

Indem man die Kategorien (Merkmale) und ihre Subkategorien (Merkmalsausprägungen) in einer ggf. mehrdimensionalen Kreuztabelle darstellt (vgl. Abb. 8), erhält man einerseits einen Überblick über *alle potentiellen* Kombinationsmöglichkeiten. Andererseits wird es hierdurch möglich, für weitere vergleichende Analysen Fälle den entsprechenden Feldern zuzuordnen. Dieses Vorgehen kann anhand einer Studie über die *„Integrationsrisiken bildungsbenachteiligter junger Erwachsener"* (DIETZ u.a. 1997) dargestellt werden. In dieser Untersuchung sollten die Zusammenhänge zwischen Berufsverlauf und Kriminalität im Jugendalter, genauer: zwischen den Ausbildungs- und Berufsverläufen von Jugendlichen einerseits und dem delinquenten Verhalten der jungen Erwachsenen andererseits anhand entsprechender Fälle analysiert werden. Ausgangspunkt für eine Typenbildung im Rahmen dieser Untersuchung bildeten die zwei Kategorien *„beruflicher Verlauf"* und *„Delinquenzverhalten"*. Bei der Kategorie *„beruflicher Verlauf"* wurde dabei relativ grob zwischen den Subkategorien *„erfolgreicher"* und *„gescheiterter"* Berufsverlauf unterschieden, wobei der Berufsverlauf der befragten Jugendlichen als *erfolgreich* klassifiziert wurde, wenn sie sich (noch) im qualifizierenden Ausbildungssystem befanden oder bereits eine qualifizierte Tätigkeit aufgenommen hatten. Als *gescheitert* wurde ein beruflicher Verlauf betrachtet, wenn die Jugendlichen ungelernt tätig oder erwerbslos waren (Auch hier ist zu beachten, dass nicht Persönlichkeitstypen, sondern Typen von Berufs- und Delinquenzverläufen gebildet werden sollten, wobei natürlich aus sachlogischen Gründen immer eine Person einem Berufs- bzw. Delinquenzverlauf zugeordnet bleibt).

Die Dimensionalisierung der Kategorie *„Delinquenzverhalten"* erwies sich als komplizierter, denn hier mussten verschiedene Faktoren berücksichtigt werden, etwa die Art und Häufigkeit der begangenen Delikte oder der Kontakt zu Polizei und Justiz. Obwohl mit diesen Merkmalen Informationen zu einzelnen Fällen sehr differenziert erfasst werden konnten, erschwerten sie auch den Fallvergleich, weil sie den Blick auf ganz unterschiedliche Aspekte richteten. Deshalb wurde ein Belastungsindex entwickelt, der diese verschiedenen Faktoren zusammenfasste und die Delikte unterschiedlich gewichtete, so dass zwischen Verläufen *„ohne"*, mit *„leichter"* und *„höherer"* Delinquenz unterschieden werden konnte. Ein delinquentes Verhalten wurde dabei als *hoch* eingestuft, wenn die Jugendlichen Verbrechen wie „schwere Körperverletzung" oder „schweren Raub" begangen hatten. Bei Bagatell-Delikten wie „Schwarzfahren" oder „Ladendiebstahl" wurden die Befragten als *„leicht delinquent"* klassifiziert. Um zu berücksichtigen, ob die Jugendlichen *durchgängig* mit delinquentem Verhalten belastet waren oder ob delinquentes Verhalten als *Episode* betrachtet werden konnte, wurde zusätzlich eine Kategorie *„Verlaufsmuster der Delinquenz"* mit den Subkategorien *„durchgängig* *belastet"* und *„episodenhafte Belastung"* gebildet. Fasst man die beiden Kategorien *„Belastung mit Delinquenz"* (Belastungsindex) und *„Verlaufsmuster der Delinquenz"* zusammen, muss nur noch zwischen einigen wenigen Gruppen bzw. Typen jugendlichen Delinquenzverhaltens unterschieden werden (vgl. Abb. 9, DIETZ u.a. 1997, S. 238 ff., 247; KLUGE 1999, S. 223 ff.):

1. Zur Gruppe mit *„durchgängiger Delinquenz"* gehören Fälle, in denen die Beteiligten durchgängig *hoch* mit Delinquenz belastet sind.

2. In der Gruppe *„Episode"* werden Fälle erfasst, bei denen während des Beobachtungszeitraums ein Ausstieg aus *hoher* Delinquenz erfolgt.

Die *„leicht delinquenten"* Fälle und diejenigen ohne Delinquenzbelastung konnten jeweils hinsichtlich der Kategorie *„Verlaufsmuster der Delinquenz"* zusammengefasst werden; es handelt sich hier also um eine *„Reduktion des Merkmalsraums"* (vgl. KLUGE 1999, S. 100 ff., 227 f, 265):

3. Fälle leichter Delinquenzbelastung wurden zu einer Gruppe mit *„Bagatelldelikten"* zusammengefasst.

4. Da die Verläufe *„ohne Delinquenz"* ohnehin nicht nach dem zeitlichen Verlauf ihrer Delinquenz differenziert werden konnten, wurde diese Gruppe zusammenfassend als *„Konforme"* bezeichnet.

Belastung mit Delinquenz	Verlaufsmuster der Delinquenz	
	durchgängig	episodenhaft
hoch delinquent	**durchgängige Delinquenz**	**Episode**
leicht delinquent	**Bagatelle**	
ohne Delinquenz	**Konformität**	

Abb. 9:   Delinquenz-Verläufe bei Jugendlichen (vgl. DIETZ u.a 1997, S. 247)

Die beiden zentralen Untersuchungsmerkmale *„beruflicher Verlauf"* und *„delinquentes Verhalten"* wurden also zweifach dimensionalisiert – einerseits *a priori* anhand des begrifflichen Vorwissens, andererseits aufgrund der Analyse des empirischen Datenmaterials (siehe Abb. 10). Die Konstruktion und anschließende Reduktion des Merkmalsraums führte zu einer vier Delinquenztypen umfassenden, für die weitere Analyse handhabbaren Typologie.

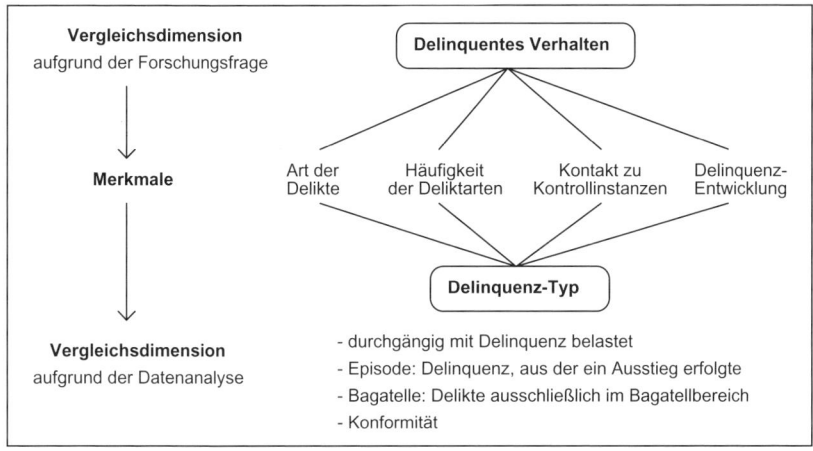

Abb. 10:   Dimensionalisierung der Kategorie „Delinquentes Verhalten" und
Reduktion der Subkategorien

Der nächste Schritt bestand darin, *Zusammenhänge* zwischen *Berufsverläufen*
und *Delinquenzverhalten* zu untersuchen, wodurch die Typologie mit einer
weiteren Kategorie kombiniert wurde, um einen neuen Merkmalsraum zu
konstruieren (vgl. Abb. 11), der die Bildung einer weiteren, komplexeren
Typologie anregte.

Delinquenztyp	Beruflicher Verlauf	
	erfolgreich	gescheitert
durchgängige Delinquenz	12	4
Episode	7	6
Bagatelle	9	4
Konformität	2	2

Abb. 11:   Verteilung der untersuchten Fälle hinsichtlich Berufsverlauf und
Delinquenz (vgl. DIETZ u.a. 1997, S. 245 ff.)

Für die Kombination von Typologien und Kategorien miteinander können die unterschiedlichsten Konzepte auf verschiedenen Abstraktionsebenen eingesetzt werden. So empfiehlt etwa BOHNSACK (2007a,b), die durch einen Vergleich von Textstellen im Datenmaterial zuerst entwickelten Typologien (von ihm als „Basistypiken" bezeichnet) mit unterschiedlichen (bspw. bildungs-, geschlechts- und generationsspezifischen) „konjunktiven Erfahrungsräumen" zu kombinieren (vgl. auch BOHNSACK, NENTWIG-GESEMANN 2003), ein Begriff, mit dem an Arbeiten Karl MANNHEIMs angeknüpft wird. Durch eine „Überlagerung" mit anderen Typiken sollen Relationen zu *„entwicklungstypischen, d.h. altersspezifischen, zu den geschlechts-, zu den bildungs- und auch zu den generationsspezifischen Erfahrungsräumen bzw. Dimensionen"* (BOHNSACK 2007b, S. 246) untersucht werden. Dabei wird die ursprüngliche Typologie (die „Basistypik") *„mit jedem Durchgang durch eine andere Typik (...) modifiziert"* (ebd., S. 249).

Die Gruppierung von Fällen und die Suche nach empirischen Regelmäßigkeiten können sich, wenn zahlreiche Kategorien und Subkategorien zu berücksichtigen sind, sehr unübersichtlich gestalten. In manchen Fällen, vor allem dann, wenn bereits die Indizierung bzw. Kodierung des qualitativen Datenmaterials mit Hilfe von Software wie ATLAS/ti oder MAXQDA erfolgt ist und klar umrissene Variablen definiert worden sind, kann deshalb der Einsatz statistischer Verfahren, wie KUCKARTZ sie vorschlägt (s.o.), hilfreich sein. Konfigurationsfrequenz- und Clusteranalysen eignen sich hierfür gut, weil diese auch für Daten mit niedrigem (nominalem bzw. kategorialem) Messniveau geeignet sind. Oft sind die so gefundenen Gruppen allerdings kaum aussagekräftig und geben allerhöchstens erste *Hinweise* auf inhaltliche Sinnzusammenhänge. Explorative statistische Verfahren können also nur als ein „Hilfsmittel" (KUCKARTZ 2007, S. 229) fungieren und eine *heuristische* Funktion für die Theoriebildung haben. Nach der Durchführung solcher Analyen empfiehlt es sich, zum Textmaterial zurückzukehren und interpretative Auswertungsschritte anzuschließen. In MAXQDA wird dieser Vorgang unterstützt durch die Möglichkeit, die Ergebnisse statistischer Analysen wieder für das „Textretrieval" (also für eine EDV-gestützte Synopse von Textstellen) zu nutzen.

Man kann außerdem nicht davon ausgehen, dass statistische Analysen die Verallgemeinerungsfähigkeit oder „Repräsentativität" von Aussagen erhöhen, die aufgrund qualitativer Daten getroffen wurden. So sollte auch eine Zuordnung von Fällen zu Merkmalskombinationen, wie sie in Abb. 11 demonstriert wird, nicht als Methode zur Abschätzung von empirischen Häufigkeiten in der Grundgesamtheit betrachtet werden. Der beschränkte Umfang qualitativer Samples erlaubt solche „Hochrechnungen" nicht, auch wenn sie computergestützt durchgeführt werden (vgl. Kapitel 3). Vielmehr geht es darum, einen Überblick über das Fallmaterial zu erhalten, um im Prozess der

Typenbildung weiter voranzuschreiten. Dazu müssen nämlich alle Fälle, die zu einer Gruppe zusammengefasst wurden, miteinander *verglichen* werden, um die interne Homogenität der gebildeten Gruppen zu überprüfen, denn die Fälle eines Typus sollen sich ja möglichst ähnlich sein. Anschließend müssen die Gruppen untereinander verglichen werden, um zu überprüfen, ob sie sich auch in erheblichem Maße voneinander unterscheiden, ob also auf der Ebene der Typologie genügend externe Heterogenität existiert. Auch wenn diese Vergleiche zunächst auf einer deskriptiven Ebene durchgeführt werden, gehen sie bald in die Analyse inhaltlicher Fragestellungen und damit zur nächsten Auswertungsstufe über: der *Erklärung* und dem *Verstehen inhaltlicher Sinnzusammenhänge.*

5.3.3 Erklärung und Verstehen von Sinnzusammenhängen

Eine sozialwissenschaftliche Analyse qualitativer Daten bleibt natürlich nicht bei der Konstruktion von Merkmalsräumen und der beschreibenden Darstellung des Zusammenhangs von Kategorien und Merkmalen stehen, sondern muss *soziale Strukturen* aufdecken, die durch die betrachteten Merkmalskombinationen repräsentiert werden. Genau diesen Anspruch beschreibt etwa Uta GERHARDT in ihrer Studie über „Patientenkarrieren", wenn sie schreibt, dass sie in den Lebensläufen der chronisch kranken Patienten *„die aktuelle Situation durch die sie im Zeitverlauf bedingenden Faktoren und Wirkkräfte (...) verstehen"* wollte (GERHARDT 1991b, S. 22). GERHARDT orientiert sich hier eng an Max WEBER, für den die verstehende Erklärung sozialer Zusammenhänge nicht bei der Erfassung empirischer Regelmäßigkeiten stehen bleiben darf. Zentral für eine soziologische Erklärung sei deren *„Sinnadäquanz"*: Auch ein immer wiederkehrender Zusammenhang zwischen verschiedenen Merkmalen ist demnach erst dann *„soziologisch verstehend erklärt"*, wenn er in seiner Sinnhaftigkeit richtig gedeutet wird. Hierzu muss einerseits, so WEBER, der subjektiv gemeinte Sinn des betrachteten sozialen Handelns und andererseits dessen gesellschaftlicher, „objektiver" Sinn erfasst werden. Dieser objektive Sinn sozialen Handelns ist aber nichts anderes als jene „sozialen Regeln" und „Strukturen", auf deren Aufdeckung die soziologische Analyse zielt. Jene *„Regelmäßigkeiten, welche einem verständlich gemeinten Sinn eines sozialen Handelns entsprechen, sind (im hier gebrauchten Wortsinn) verständliche Handlungstypen, also ,soziologische Regeln'"* (WEBER 1921/1972, S. 6). Das entscheidende heuristische Werkzeug zur Darstellung dieser Regeln ist für WEBER der *„Idealtypus"*, also etwa die Annahme bestimmter idealisierter Handlungstypen (das zweckrationale Handeln ist bspw. so ein Typus).

Ohne diese soziologisch-inhaltlichen Aspekte weiter zu vertiefen, lässt sich hinsichtlich der Methodologie typenbildender Verfahren festhalten, dass

1. die Konstruktion eines Merkmalsraums immer gefolgt bzw. begleitet sein muss von der Suche nach *inhaltlichen Sinnzusammenhängen* zwischen den Merkmalen bzw. Kategorien und dass

2. hierzu bestimmte Vorannahmen (etwa über die „Zweckrationalität" des Handelns der Akteure) getroffen werden müssen, die ein unverzichtbares heuristisches Werkzeug zur Konstruktion „sinnvoller" und „verständlicher" soziologischer (Handlungs-)Typen bilden (vgl. hierzu auch Kapitel 2).

Diese Phase der Typenbildung, bei der inhaltliche Sinnzusammenhänge zwischen Merkmalen bzw. Kategorien analysiert werden, erfordert wiederum *Vergleiche* und *Kontrastierungen* von Fällen sowohl innerhalb der einzelnen Gruppen (= Merkmalskombinationen) als auch zwischen den Gruppen. Diese Vergleiche können dabei dazu führen, dass

- *Fälle* anderen Gruppen zugeordnet werden, denen sie ähnlicher sind,
- *stark abweichende Fälle* zunächst aus der Gruppierung herausgenommen und separat analysiert werden,
- *zwei oder auch drei Gruppen* zusammengefasst werden, wenn sie sich sehr ähnlich sind oder
- einzelne Gruppen weiter differenziert werden, wenn starke Unterschiede ermittelt werden.

In dieser Phase der Analyse wird in der Regel der Merkmalsraum *reduziert* und damit die Anzahl der Gruppen bzw. Merkmalskombinationen auf wenige Typen verringert.

In der Studie über delinquente Jugendliche und junge Erwachsene wurde nach der Zuordnung der Fälle zu den Kombinationen der Ausprägungen der Merkmale „*beruflicher Verlauf*" und „*Delinquenztyp*" (vgl. Abb. 11) der Merkmalsraum und die Typologie so reduziert, dass schließlich drei Typen jugendlicher Deliquenzkarrieren übrig blieben (siehe Abb. 12 sowie DIETZ u.a. 1997, S. 247 ff.). Die vierte Gruppe der „*Konformen*" wurde wegen ihrer geringen Delinquenzbelastung nicht weiter berücksichtigt:

1. Eine Karriere vom Typus „*Doppel-Leben*" durchliefen solche Jugendlichen, die beruflich erfolgreich waren bei hoher Delinquenzbelastung und Erfassung durch Kontrollinstanzen (Polizei und Justiz) (DIETZ u.a. 1997, S. 247).

2. Dem Karrieretypus „*Marginalisierung*" wurden fast ausschließlich junge Frauen zugeordnet, die nicht nur beruflich scheiterten, sondern auch durchgängig hoch delinquent waren. Dabei führte in der Regel ein abweichender Lebensstil dazu, dass die Betreffenden Jugendlichen aus dem Berufsbildungssystem entweder selbst ausstiegen bzw. ausgegrenzt wurden (DIETZ u.a. 1997, S. 252).

3. Der dritte Typus „*Episode*" umfasste Karrieren solcher Jugendlicher, deren hohe Delinquenzbelastung im Laufe der Zeit nachließ. Berufliche Verläufe („*erfolgreich*" vs. „*gescheitert*") hatten hier offensichtlich wenig Einfluss auf Delinquenzkarrieren, aus denen die Angehörigen beider Gruppen meist zugleich mit der Etablierung einer festen Partnerschaft oder dem Verlassen ihrer Jugendclique ausstiegen (DIETZ u.a. 1997, S. 254 f).

	Beruflicher Verlauf	
Delinquenztyp	erfolgreich	gescheitert
durchgängig mit Delinquenz belastet	Typ I **„Doppel-Leben"**	Typ II **„Marginalisierung"**
Episode	Typ III **„Episode"**	
Bagatelle	Gruppe der „Konformen"	
Konformität		

Abb. 12: Drei Typen der Beziehung zwischen beruflichem Verlauf und delinquentem Verhalten (DIETZ u.a. 1997, S. 246 ff.)

Die Reduktion des Merkmalsraums wurde dabei angeregt und begleitet durch weitere vergleichende Analysen des Datenmaterials, wobei sowohl innerhalb der Merkmalskombinationen bzw. Gruppen als auch zwischen den Gruppen kontrastiert wurde. Dabei wurden weitere Merkmale bzw. Kategorien identifiziert, *die gut zwischen den Gruppen trennen.* Unmittelbar auffällig war etwa die offensichtliche Bedeutung von *gender*-Aspekten: Dem Typus „Doppelleben" konnten vor allem junge Männer, dem Typus „Marginalisierung" überwiegend Frauen zugeordnet werden. Eine Erklärung solcher inhaltlichen Sinnzusammenhänge kann den Rückgriff auf Konzepte aus verschiedenen Theorietraditionen und Gegenstandsbereichen (also nicht nur Kriminalitätstheorien, sondern auch Theorien über Geschlechterverhältnisse) erfordern.

An einer solchen Stelle des Forschungsprozesses werden oft Anomalien und überraschende Befunde identifiziert, das heißt soziale Phänomene, die sich mit den explizit zur Verfügung stehenden Theorien nicht erklären lassen:

Ein besonderes Problem für die soziologische Erklärung stellte der Typus „Doppelleben" dar, der auf den ersten Blick zu herkömmlichen Kriminalitätstheorien (etwa anomietheoretischen Ansätzen) ebenso wie zu alltagspragmatischen Persönlichkeits- und Devianztheorien („*wonach benachteiligte, deprivierte Jugendliche aus wirtschaftlicher Not zu illegalen Mitteln der Geldbeschaffung greifen*", vgl. PREIN, SEUS 1999, S. 18) in Widerspruch stand. Jugendliche mit diesem Verlaufstypus hatten einen „*direkten problemlosen Einstieg in das Berufsbildungssystem im angestrebten Wunschberuf*" erreicht, waren zufrieden mit ihrem beruflichen Weg und hoch motiviert, die Ausbildung abzuschließen und hatten deshalb eine „*hohe Anpassungsbereitschaft an die Erwartungen in Bezug auf Leistung und Arbeitsmoral*" (…) *Die während der Woche angepassten und hochmotivierten Auszubildenden waren in der Freizeit und am Wochenende auf Spaß und action aus, was sich häufig an kriminalisierbarem Verhalten niederschlug.*" (ebd., S.18f.). Warum gehen beruflich derart angepasste Jugendliche in der Freizeit solche Risiken ein? Die Vermutung, dass dieses Verhalten durch spezifische „Gelegenheitsstrukturen" gefördert wird, wurde durch eine erneute Analyse des Datenmaterials bestätigt. Vertreter von Kontrollinstanzen (wie Polizei und Jugendrichter) ebenso wie Ausbilder in den Betrieben bewerteten die Disziplin und Arbeitsmoral dieser Jugendlichen sehr positiv. Dass solche Deutungsmuster eine wesentliche Bedeutung hatten, war zumindest gerichtserfahrenen Jugendlichen auch durchaus bewusst, wie sich in den Interviews zeigte: „*Na, ich schätz' mal, wenn einer Arbeit hat, den schicken sie nicht so schnell in'n Bau wie einer, der keine Arbeit hat. Weil einer, der keine Arbeit hat, der hängt den ganzen Tage auf der Straße 'rum, der baut wieder Scheiße. Und einer, der Arbeit hat, der arbeitet tagsüber und hat halt nicht mehr soviel Gelegenheit, Scheiße zu bauen.*" (ebd.)

Dann, wenn überraschende empirische Befunde und Anomalien auftauchen, gewinnen abduktive Schlussfolgerungen (vgl. Abschnitt 1.3) eine große Bedeutung: Abduktionen führen zu Erklärungen, mit denen vorhandene Wissensbestände verworfen, modifiziert oder in ihren Elementen neu kombiniert werden.

Die zusätzlichen Merkmale und Kategorien, die eine vertiefende Analyse anleiten, können sowohl qualitativ induktiv (d.h. durch einen einfachen Rückgriff auf bekannte theoretische Kategorien) als auch abduktiv (nach einem überraschenden Befund durch Modifikation oder Neukombination von theoretischen Wissensbeständen) gefunden werden. Auf jeden Fall müssen es Merkmale bzw. Kategorien sein, *die gut zwischen den Typen trennen*. Dabei kann eine Vielzahl weiterer Kategorien berücksichtigt werden, die bestehenden Typologien und ihre Merkmalsräume werden ergänzt, oder es werden neue „Achsen" der Typenbildung gefunden, das heißt zusätzliche Merkmale und ihre Ausprägungen, mit deren Hilfe eine weitere Runde des Typenbildungszyklus begonnen und eine noch komplexere Typologie entwickelt werden kann.

5.3.4 Charakterisierung der gebildeten Typen

Der Prozess der Typenbildung schließt ab mit einer umfassenden und möglichst genauen Charakterisierung der gebildeten Typen anhand der relevanten Vergleichsdimensionen und Merkmalskombinationen sowie anhand der rekonstruierten Sinnzusammenhänge. Die Charakterisierung der gebildeten Typen wird häufig als eigenständiger Auswertungsschritt übersehen, obwohl sie für die Beschreibung der Typen und die Zuordnung weiterer Untersuchungselemente von zentraler Bedeutung ist. Auch bei der Vergabe von *Kurzbezeichnungen* für die gebildeten Typen muss besondere Sorgfalt geübt werden, weil es hierbei schnell zu Verkürzungen oder auch zu Verzerrungen kommen kann, die der Komplexität der untersuchten Sachverhalte nicht gerecht werden.

Da sich die Fälle eines Typus nicht in allen Merkmale gleichen, sondern nur *ähneln* werden, stellt sich das Problem, wie das „Gemeinsame" der Typen treffend charakterisiert werden kann. In der Forschungspraxis (siehe KUCKARTZ 1988, S. 223; KUCKARTZ 2007, S. 103; GEISSLER, OECHSLE 1996, S. 52; DIETZ u.a. 1997, S. 247 f, 250 ff.) werden oft sog. *„Prototypen"* ausgewählt, das sind reale Fälle, die die Charakteristika jedes Typus am besten „repräsentieren": *„man kann an ihnen das Typische aufzeigen und die individuellen Besonderheiten dagegen abgrenzen"* (KUCKARTZ 1988, S. 223). Der Prototyp soll der Veranschaulichung des Typus *„im Sinne eines konkreten Musterstücks"* (ZERSSEN 1973, S. 53) sowie als Hilfe für die Zuordnung anderer Fälle dienen. Zu beachten ist dabei, dass der prototypische Fall zwar als Maßstab für die Typenzuordnung wichtige Dienste leistet, aber nicht der Typus „ist", sondern ihm lediglich „entspricht" (vgl. VON ZERSSEN 1973, S. 131). Außerdem sollten solche prototypischen Fälle sorgfältig ausgewählt werden, *„damit das Typische nicht durch ein Zuviel von unzugehörigen individuellen Zügen verwässert wird"* (VON ZERSSEN 1973, S. 78). Merkmale des Prototypus, die nicht zum Typus gehören, sollten deshalb deutlich gekennzeichnet werden.

KUCKARTZ (1988, S. 221 ff.) verbindet die *Auswahl prototypischer Fälle* mit der Bildung *„idealtypischer Konstrukte"*. Dazu ermittelt er – nach einer Gruppierung der Fälle (die der von ihm vorgeschlagenen „typologischen Analyse" durch explorative statistische Verfahren wie Clusteranalysen unterstützt wird) – zunächst Fälle, die als „klassische" Vertreter der einzelnen Typen bezeichnet werden können (KUCKARTZ 1988, S. 221; 1990, S. 500). Die Beschreibung dieser repräsentativen Fälle oder Prototypen, bei der sowohl das Typische aufgezeigt als auch die individuellen Besonderheiten davon abgegrenzt werden sollen, bezeichnet KUCKARTZ als *„repräsentative Fallinterpretation"* (KUCKARTZ 1988, S. 222; KUCKARTZ 2007, S. 105).

Wenn ein Typus jedoch sehr heterogen ist, genügt dessen Charakterisierung durch einen einzigen Fall meist nicht mehr – auch dann nicht, wenn es sich um einen sehr „typischen Fall" handelt. KUCKARTZ (1988, S. 224) schlägt deshalb als Alternative die *„Bildung eines aus mehreren prototypischen Fällen ‚komponierten' idealtypischen Konstrukts"* vor. Dafür werden (aus der Ähnlichkeitsmatrix zwischen Fällen und Clustern) die Fälle ausgewählt, die den gebildeten Typus hinsichtlich möglichst vieler Merkmalsausprägungen deutlich repräsentieren, und aus diesen realen Fällen wird dann *ein idealer Vertreter* oder „Modellfall" konstruiert. Hierzu müssen die qualitativen Daten nochmals für eine *„Zusammenschau oder Montage der am besten geeigneten Textsegmente"* (KUCKARTZ 2007, S. 106) herangezogen werden. Mit diesem Verfahren, das „gewisse Ähnlichkeiten mit der Weber'schen Idealtypenbildung" (ebd.) aufweist, geht KUCKARTZ nicht nur über die rein statistische Auswertung, sondern auch *„über das normale interpretative Auswertungsparadigma und über die Interpretation repräsentativer Fälle hinaus"* (KUCKARTZ 1988, S. 223) hinaus. Denn hierbei wird ein ideal gedachter Fall *„komponiert"*, der den jeweiligen Typus angemessen repräsentieren soll. Diese Vorgehensweise stellt also eine *„Konstrukte-bildende Arbeit des Sozialwissenschaftlers"* dar, *„der durch Pointierung und Weglassen des ‚Unwesentlichen' einen analytischen Orientierungsrahmen schafft, in dem die soziale Realität Gestalt annimmt"* (KUCKARTZ 1988, S. 224).

Uta GERHARDT (1986, S. 91 ff.; 1991a, S. 438; 1991b, S. 24 ff.) orientiert sich bei der Charakterisierung der gebildeten Typen ebenfalls am Weber'schen Begriff des *„Idealtypus"*. Für die *Konstruktion von Idealtypen* wählt sie jedoch einen möglichst *optimalen* Fall, der die betreffende Gruppe besonders „rein" repräsentiert. Einzelne Charakteristika des Idealtypus werden dabei zugespitzt, um seinem optimalen oder eben idealen Charakter gerecht zu werden. Diese Zuspitzung soll es ermöglichen, die Eigenarten der Einzelfälle dann, wenn sie mit dem konstruierten Idealtypus konfrontiert werden, besonders gut „messen" und erkennen zu können. Den Idealtypen kommt dabei aufgrund ihres „reinen" Charakters eine heuristische bzw. hypothesengenerierende Funktion zu, denn *„der ‚reine' Typus enthält eine Hypothese des möglichen Geschehens"* (GERHARDT 1991a, S. 437). Mit Hilfe der möglichst „reinen" Fälle sollen die einzelnen Untersuchungsbereiche so gedacht bzw. beschrieben werden, wie sie sich im Idealfall darstellen würden. Auch hier sind die konstruierten (!) Idealtypen also keine Darstellung der Wirklichkeit, sondern dienen im Sinne WEBERs (1904/1988, S. 190) als heuristisches Mittel lediglich zur *„Verdeutlichung der Wirklichkeitsstruktur"* (GERHARDT 1986, S. 91). WEBER (1904/1988, S. 205) hatte Idealtypen deshalb auch als *„theoretische Konstruktionen unter illustrativer Benutzung des Empirischen"* definiert. Werden schließlich alle empirischen Fälle einer

Gruppe mit ihrem jeweiligen Idealtypus verglichen, ist es möglich, die Differenzen bzw. Abweichungen der Einzelfälle, aber auch ihre „Nähe" zum gedachten Idealfall zu bestimmen und ihre Eigenarten zu erkennen.

Die starke Zuspitzung des Idealtypus kann jedoch dazu führen, dass nicht nur die Unterschiede zwischen den einzelnen Fällen und ihrem Idealtypus, sondern auch zwischen den Fällen größer erscheinen, als sie es wären, wenn man sich stärker an „durchschnittlichen" Kriterien orientieren würde. Bei der Bildung von Idealtypen, wie GERHARDT sie vorschlägt, werden also eher die Unterschiede als die Gemeinsamkeiten zwischen den Fällen eines Typus betont. Während sich die Zuspitzung des Idealtypus besonders für die Konfrontierung mit den Einzelfällen eignet, um so deren Eigenarten deutlich herausarbeiten zu können, ist sie nicht immer zweckmäßig, wenn der Idealtypus die Gruppe, für die er gebildet wurde, auch repräsentieren soll. Hier sollte besser anhand der Merkmale, die ein Großteil der Gruppe aufweist, ein prototypischer, d.h. repräsentativer Fall ausgewählt werden, mit dessen Hilfe die *gesamte* Gruppe so zutreffend wie möglich charakterisiert werden kann. Auf diese Weise entgeht man auch dem Vorwurf, dass der gebildete Typus keinen bzw. kaum noch einen Bezug mehr zum untersuchten Gegenstandsbereich aufweist.

Mit der Charakterisierung der gebildeten Typen ist die „*Stufenfolge empirisch begründeter Typenbildung"* abgeschlossen. Das hier vorgestellte Stufenmodell ist für eine Vielfalt qualitativer Fragestellungen und für unterschiedliches Datenmaterial einsetzbar (siehe ausführlich hierzu KLUGE 1999, S. 257 ff.). Für jede Studie muss allerdings geprüft werden, mit welchen Auswertungsmethoden die Teilziele auf den einzelnen Auswertungsstufen am besten erreicht werden können.

Kapitel 6
Regeln für Fallkontrastierung, Fallvergleich und empirisch begründete Typenbildung

Auf den folgenden Seiten wollen wir noch einmal wesentliche Aussagen des Buches in der Form von kurzen „methodologischen Regeln" zusammenfassen. Zu jeder dieser methodologischen Regeln werden wir dabei das entsprechende Kapitel angeben, in welchem die zugehörigen theoretischen Grundlagen und Beispiele behandelt werden. Der eilige oder selektive Leser mag sich also an dieser Zusammenfassung orientierend die für ihn relevanten Kapitel und Abschnitte heraussuchen.

1. Für den Fallvergleich und die Typenbildung ist die Konstruktion eines „heuristischen Rahmens" unverzichtbar (Kapitel 1)

Kategorien, Typen und Hypothesen „emergieren" auch dann nicht von selber aus dem qualitativen Datenmaterial, wenn sich der Forscher oder die Forscherin möglichst voraussetzungslos dem Untersuchungsgegenstand nähern will. Eine solche Strategie führt vielmehr dazu, dass der Forscher oder die Forscherin im qualitativen Datenmaterial geradezu ertrinkt und dass implizite und möglicherweise unreflektierte theoretische Konzepte die Analyse des Datenmaterials strukturieren. Theoretisches Vorwissen ist kein Hindernis für die Analyse qualitativer Daten, vielmehr stattet es den Forscher oder die Forscherin mit der notwendigen „Brille" aus, durch welche die soziologischen Konturen empirischer Phänomene erst sichtbar werden, bzw. mit einem Raster, in welches Daten eingeordnet erst eine soziologische Bedeutung erhalten. Eine vergleichende Kontrastierung von Fällen erfordert grundsätzlich das Vorhandensein von *Vergleichsdimensionen*. Bei einem „offenen", explorativen oder heuristischen Vorgehen können diese Vergleichsdimensionen oft zu Beginn des Forschungsprozesses weitgehend implizit sein und müssen dann *ad hoc* expliziert werden – Unterschiede und Ähnlichkeiten zwischen den untersuchten Fällen werden oft erst dann auffällig, „springen" dann „ins Auge", wenn das Datenmaterial bereits in auswertbarer Form vorliegt. In vielen Fällen ist es aber auch bei der Anwendung einer explorativen Forschungsstrategie sinnvoll, die relevanten Vergleichsdimensionen vor der Datenerhebung in Form eines *heuristischen Rahmens* zu explizieren.

2. Ein heuristischer Rahmen darf nicht einen zu großen empirischen Gehalt besitzen (Kapitel 2)

Wird dieser heuristische Rahmen allerdings zu eng angelegt, gehen die eigentlichen Vorteile einer explorativen Forschungsstrategie verloren. Mit der Formulierung von zu präzisen Vorgaben kann sich der Forscher oder die Forscherin der Möglichkeit berauben, neue, bislang unbekannte Sachverhalte im qualitativen Material zu entdecken. Im Unterschied zur quantitativen, hypothetiko-deduktiven Forschung sollten am Anfang der qualitativen Datenerhebung deshalb *nicht* präzise und empirisch gehaltvolle Hypothesen stehen. Ein sinnvolles heuristisches Rahmenkonzept für die qualitative Forschung umfasst vielmehr wenig informationshaltige, empirisch gehaltlose Konzepte. Dies können etwa abstrakte Konstrukte aus soziologischen (Groß-)Theorien sein oder mehr oder weniger triviale Alltagskonzepte.

3. Die Fallkontrastierung beginnt mit der richtigen Auswahl der Fälle (Kapitel 3)

Die Auswertung qualitativer Daten ist zeitaufwändiger als die statistische Datenanalyse, und kein qualitatives Forschungsprojekt kann deshalb hinsichtlich der untersuchten Fallzahlen auch nur annähernd mit einer quantitativen Umfragestudie konkurrieren. Das Ziel der qualitativen Stichprobenziehung kann dementsprechend nicht *statistische Repräsentativität* sein, vielmehr kann es nur darum gehen, dass die im Untersuchungsfeld tatsächlich vorhandene und für die Forschungsfragestellung relevante *Heterogenität* berücksichtigt wird. Mit der gezielten Auswahl möglichst unterschiedlicher, z.T. extremer Fälle kann dieses Ziel oftmals weit besser erreicht werden als durch den Versuch, die Verteilung spezifischer Merkmale in einer Population durch ein entsprechendes Sample abzubilden. Auch in der qualitativen Forschung entscheidet dabei die richtige Auswahl der untersuchten Fälle über Erfolg und Misserfolg einer empirischen Studie. Die Anwendung rationaler *qualitativer Samplingstrategien* dient dazu, dass das Sample der faktischen Heterogenität und Varianz des Untersuchungsfeldes Rechnung trägt. Wenn der Forscher oder die Forscherin zu Beginn der Datenerhebung nur über ein geringes Vorwissen verfügt, ist ein *sukzessives* Auswahlverfahren angemessen, bei welchem aus der Analyse der ersten Fälle Kriterien für die Auswahl weiterer Fälle gewonnen werden. Können bereits zu Beginn der Datenerhebung erste tentative Hypothesen über relevante Einflüsse im untersuchten Feld formuliert werden, so kann ein *qualitativer Stichprobenplan* helfen, ein qualitatives Sample zu ziehen, das die Heterogenität im Untersuchungsfeld berücksichtigt und eine Größe erreicht, bei welcher die Datenauswertung bewältigbar bleibt.

4. Auch bei der Analyse von Einzelfällen sollte das übrige Datenmaterial nie aus dem Blick geraten (Kapitel 4)

Eine optimale fallvergleichende und fallkontrastierende Analyse qualitativen Datenmaterials verlangt, dass permanente Quervergleiche zwischen den Fällen (*„Synopsen"*) möglich sind. Das qualitative Datenmaterial kann aber erst dann in vollem Umfang für die synoptische Analyse erschlossen werden, wenn es anhand eines Kategorienschemas aufbereitet, d.h. indiziert bzw. kodiert wird. Erst hierdurch wird es nämlich möglich, das gesamte relevante Material zu einer bestimmten Kategorie fallübergreifend zusammenzustellen. Bei der Formulierung eines Kategorienschemas sollte man sich allerdings an der zweiten Regel orientieren: die Kategorien dürfen nicht zu präzise bzw. empirisch zu gehaltvoll formuliert sein, weil sonst die Vorteile eines offenen, entdeckenden bzw. hypothesengenerierenden Vorgehens verloren gehen. Ein Kategorienschema, das zu Beginn aus allgemeinen abstrakten soziologischen Konzepten und Alltagskategorien besteht, erfüllt i.d.R. am besten die Erfordernisse fallvergleichender Analysen. Ein solches Kategorienschema kann dann anhand des Datenmaterials „dimensionalisiert", d.h. mit empirisch gehaltvollen (Sub)kategorien ergänzt werden. Bei der Auswertung umfangreichen qualitativen Datenmaterials (in der Regel dann, wenn mehr als 10 Interviews geführt wurden), sollte der Einsatz eines EDV-gestützten Textdatenbanksystems (z.B. MAXQDA, ATLAS/TI, HYPERRESEARCH o.ä., vgl. KELLE 2004, 2008b; KUCKARTZ 2007) unbedingt erwogen werden.

5. Die Typenbildung erfordert die systematische Suche nach Zusammenhängen zwischen Kategorien (Kapitel 5)

Da Typen – rein formal betrachtet – aus einer Kombination von Merkmalen bestehen, gestaltet sich der Prozess der Typenbildung sehr übersichtlich und nachvollziehbar, wenn die Merkmalsräume, die durch die Kombination der Kategorien entstehen, mit Hilfe von zwei- oder mehrdimensionalen Kreuztabellen abgebildet werden. Auf diese Weise wird nicht nur die Identifikation und der Vergleich von theoretisch möglichen, sondern vor allem auch von den empirisch vorfindbaren Zusammenhängen im Datenmaterial möglich, weil man einen Überblick über die empirische Verteilung der Fälle auf alle denkbaren Merkmalskombinationen erhält. So können zunächst alle Fälle, die

110

einer bestimmten Merkmalskombination zugeordnet werden, auf weitere Gemeinsamkeiten und Unterschiede hin untersucht werden, um Wirkzusammenhänge innerhalb der einzelnen Gruppen bzw. Typen zu untersuchen. Von besonderer Bedeutung ist außerdem der Vergleich der verschiedenen Gruppen miteinander, um auf diese Weise übergeordnete Zusammenhänge, die für die Gesamttypologie von Bedeutung sind, zu erfassen. Vor allem für die Bildung von Typen und Typologien sind daher fallvergleichende und fallkontrastierende Auswertungsschritte unverzichtbar.

6. *Sozialwissenschaftliche Fragestellungen erfordern es oft, dass sich die Typenbildung von der Ebene der Personen löst und stattdessen auf die Ebene von Handlungsmustern, Strategien, Institutionen u. v.a.m. bezieht (Kapitel 4 und 5)*

In den in der qualitativen Forschung häufig durchgeführten Interviewstudien bildet die Person (in der Regel der Interviewpartner) eine basale Ordnungseinheit für die Daten. Hier liegt der Gedanke nahe, in jedem Fall auch Personen als grundlegende Elemente für die Typenbildung zu betrachten. Hierauf aufbauende Strategien der Typenbildung sind für persönlichkeits- oder auch für viele sozialpsychologische Fragestellungen und Projekte sinnvoll und angemessen (wenn man, um ein praktisches Beispiel zu wählen, Typen von „Stressvermeidern" den „Stressbewältigern" gegenüber stellen will), im Kontext sozialwissenschaftlicher Untersuchungen kann aber das unbedingte Festhalten an der Idee, Personen zu typisieren, den Analyseprozess eher behindern: aus sozialwissenschaftlicher, soziologischer oder erziehungswissenschaftlicher Perspektive etwa kann es weitaus angemessener sein, Strategien der Stressbewältigung oder Stressvermeidung zu untersuchen als „typische" Stressbewältiger zu identifizieren. Der Versuch, in jedem Fall Typen von Personen zu identifizieren, kann in manchen Fällen geradezu in eine Sackgasse münden (etwa, wenn die Interviewpartner in einem biographischen Interview über verschiedene Strategien der Stressbewältigung sprechen, die sie im Lebenslauf eingesetzt haben). Es wird deshalb in sozialwissenschaftlichen Untersuchungen oft nötig sein, sich im Prozess der Typenbildung bald von der Ebene des einzelnen Interviews lösen und sich stattdessen auf die entwickelnden Kategorien zu konzentrieren. Wenn man dann bspw. Typen von Handlungsmustern und Handlungsstrategien bildet, kann eine Person (d.h. ein Interviewpartner bzw. -partnerin) durchaus mehreren Typen zugeordnet werden.

7. Empirische Zusammenhänge zwischen Kategorien müssen stets nach ihrem soziologischen Sinn befragt werden (Kapitel 5)

Das Ziel einer typenbildenden Analyse ist dann erreicht, wenn sinnvolle „Muster" und „Strukturen" im untersuchten Handlungsfeld entdeckt und beschrieben wurden. Die Identifikation und Beschreibung von *„Unterschieden", „Ähnlichkeiten"* und *„Zusammenhängen"* im Datenmaterial ist dabei allerdings nur die methodisch-technische Basis der Typenbildung. In methodisch-technischer Hinsicht ist die Konstruktion einer Typologie dann gelungen, wenn die Fälle, die den gebildeten „Gruppen" oder „Typen" zugeordnet wurden, hinsichtlich möglichst vieler Merkmale einander ähnlich sind (wenn m.a.W. eine möglichst hohe interne Homogenität auf der Ebene der Typen erreicht wurde), wobei die Typen selber einander möglichst unähnlich sind (wenn also auch die externe Heterogenität auf der Ebene der Typologie groß ist). Die Grenze von einer nur deskriptiven hin zu einer „verstehenden" und „erklärenden" soziologischen Analyse ist aber erst dann überschritten, wenn auch die theoretische Bedeutung der so beschriebenen Strukturen und Muster aufgezeigt werden kann. Die „Kategorien" bzw. „Merkmale" und deren „Subkategorien" bzw. „Ausprägungen", die als zentrale Vergleichsdimensionen für die Fallkontrastierung dienen, müssen also stets auf ein übergreifendes theoretisches „Dach" bezogen werden. Bei einer qualitativen Forschungsstrategie, die dem „interpretativen Paradigma" (Kapitel 1) verpflichtet ist, wird dabei sicher nicht nur anonymen sozialen Regeln und „Strukturen" theoretische Bedeutung zukommen, sondern ebenso den Relevanzstrukturen und Handlungsintentionen der Subjekte im untersuchten Feld.

Literatur

ANDERSON, Douglas R. (1987): *Creativity and the Philosophy of C.S. Peirce.* Dordrecht: Martinus Nijhoff.

ATTESLANDER, Paul (2006): *Methoden der empirischen Sozialforschung.* Berlin: de Gruyter.

BAILEY, Kenneth D. (1994): *Typologies and Taxonomies. An Introduction to Classification Techniques.* Sage University Paper Series on Quantitative Applications in the Social Sciences, Series No. 07-102. Thousand Oaks, London, New Delhi: Sage.

BARTON, Allen H. (1955): The Concept of Property-Space in Social Research. In: LAZARSFELD, Paul F.; ROSENBERG, Morris (Hg.): *The Language of Social Research.* New York: Free Press, S. 40-53.

BECK, Ulrich (1983): Jenseits von Stand und Klasse? Soziale Ungleichheiten, gesellschaftliche Individualisierungsprozesse und die Entstehung neuer sozialer Formationen und Identitäten. In: KRECKEL, Reinhard (Hg.): *Soziale Ungleichheiten.* (Soziale Welt, Sonderband 2). Göttingen: Schwartz, S. 35-74.

BECK, Ulrich; BECK-GERNSHEIM, Elisabeth (1993): Nicht Autonomie, sondern Bastelbiographie. Anmerkungen zur Individualisierungsdiskussion am Beispiel des Aufsatzes von Günter Burkart. In: *Zeitschrift für Soziologie,* 22, S. 178-188

BECKER, Howard S. (1950/1968): *Through Values to Social Interpretation. Essays on Social Contexts, Actions, Types, and Prospects.* New York: Greenwood Press (zuerst erschienen 1950, Durham, N.C.: Duke University Press).

BECKER, Howard S.; GEER, Blanche (1960/79): Teilnehmende Beobachtung: Die Analyse qualitativer Forschungsergebnisse. In: HOPF, Christel; WEINGARTEN, Elmar (Hg.): *Qualitative Sozialforschung.* Stuttgart: Klett-Cotta, S. 139-166.

BECKER, Reiner (2008): *Ein normales Familienleben. Interaktion und Kommunikation zwischen „rechten" Jugendlichen und ihren Eltern.* Schwalbach: Wochenschau Verlag.

BENDER, Donald (1994): Betreuung von hilfs- und pflegebedürftigen Angehörigen in Mehrgenerationenfamilien. In: BIEN, Walter (Hg.): *Eigeninteresse oder Solidarität. Beziehungen in modernen Mehrgenerationenfamilien (DJI-Familiensurvey 3).* Opladen: Leske und Budrich, S. 223-248.

BLUMER, Herbert (1940): The Problem of the Concept in Social Psychology. In: *American Journal of Sociology,* 45, S. 707-719.

BLUMER, Herbert (1954): What is Wrong with Social Theory? In: *American Sociological Review,* S. 3-10.

BLUMER, Herbert (1981): Der methodologische Standort des symbolischen Interaktionismus. In: ARBEITSGRUPPE BIELEFELDER SOZIOLOGEN (Hrsg.): *Alltagswissen, Interaktion und gesellschaftliche Wirklichkeit* (5. Auflage). Opladen: Westdeutscher Verlag, S. 80-146.

BOHNSACK, Ralf (2007a): *Rekonstruktive Sozialforschung. Einführung in qualitative Methoden (6. durchgesehene und aktualisierte Auflage).* Stuttgart: UTB.

BOHNSACK, Ralf (2007b): Typenbildung, Generalisierung und komparative Analyse: Grundprinzipien der dokumentarischen Analyse. In: BOHNSACK, Ralf; NENTWIG-GESEMANN, Iris; NOHL, Arndt (Hg.): *Die dokumentarische Methode und ihre Forschungspraxis*. Wiesbaden: Verlag für Sozialwissenschaften, S. 225 – 254.

BOHNSACK, Ralf; NENTWIG-GESEMANN, Iris (2003): Typenbildung. In: BOHNSACK, Ralf; MAROTZKI, Winfried; MEUSER, Michael (Hg.): *Hauptbegriffe qualitativer Sozialforschung*. Opladen: Leske und Budrich, S. 162 – 166.

BRYMAN, Alan (1988): *Quantity and Quality in Social Research*. London; New York: Routledge.

BÜSCHGES, Günter (1989): Gesellschaft. In: ENDRUWEIT, Günter; TROMMSDORFF, Gisela (Hg.): *Wörterbuch der Soziologie*. Bd. 1: Abhängigkeit-Hypothese. Stuttgart: Enke.

BUHR, Petra (1995). *Dynamik von Armut. Dauer und biographische Bedeutung von Sozialhilfebezug*. Opladen: Westdeutscher Verlag.

BURKART, Günter (1993): Individualisierung und Elternschaft. Das Beispiel USA. In: *Zeitschrift für Soziologie*, 22, S. 159-177.

CHARMAZ, Kathy (2000): Grounded Theory: Objectivist and Constructivist Methods. In: DENZIN, Norman K.; LINCOLN, Yvonna S. (Hg.): *Handbook of Qualitative Research* (2. Auflage). Thousand Oaks: Sage, S. 509 – 535.

CHARMAZ, Kathy (2006): *Constructing Grounded Theory. A practical guide through qualitative Analysis*. Thousand Oaks: Sage.

CRESSEY, Donald R. (1950): The Criminal Violation of Financial Trust. In: *American Sociological Review*, 15, S. 738-743.

CRESSEY, Donald R. (1971): *Other People's Money. A Study in the Social Psychology of Embezzlement*. Belmont: Wadsworth.

DAHRENDORF, Ralf (1973): *Homo sociologicus. Ein Versuch zur Geschichte, Bedeutung und Kritik der Kategorie der sozialen Rolle* (12. Auflage), Köln; Opladen: Westdeutscher Verlag.

DANNEBERG, LUTZ (1989): *Methodologien. Struktur, Aufbau und Evaluation*. Berlin: Duncker und Humblot.

DIEKMANN, Andreas (2007): *Empirische Sozialforschung: Grundlagen, Methoden, Anwendungen*. Reinbek bei Hamburg: Rowohlt.

DIETZ, Gerhard-Uhland; MATT, Eduard; SCHUMANN, Karl F.; SEUS, Lydia (1997): *„Lehre tut viel ...": Berufsbildung, Lebensplanung und Delinquenz bei Arbeiterjugendlichen*. Münster: Votum.

DEY, Ian (2007): Grounding Categories. In: BRYANT, Anthony; CHARMAZ, Kathy (Hg.): *The Sage Handbook of Grounded Theory*. London: Sage. S. 167 – 190.

ESSER, Hartmut (1989a): Gesellschaftliche „Individualisierung" und das Schicksal der (Bindestrich-)Soziologie. In: MARKEFKA, M.; NAVE-HERZ, R. (Hg.): *Handbuch zur Familien- und Jugendforschung. Bd. II: Jugendforschung*. Neuwied: Luchterhand, S. 197-215.

ESSER, Hartmut (1989b): Verfällt die „soziologische Methode"?. In: *Soziale Welt*, 40, S. 57-75.

ESSER, Hartmut (1990): „Habits", „Frames" und „Rational Choice" – Die Reichweite von Theorien der rationalen Wahl (am Beispiel der Erklärung des Befragtenverhaltens). In: *Zeitschrift für Soziologie*, 19 (4), S. 231- 247.

114

ESSER, Hartmut (1991): *Alltagshandeln und Verstehen. Zum Verhältnis von erklärender und verstehender Soziologie am Beispiel von Alfred Schütz und „Rational Choice".* Tübingen: J.C.B. Mohr.

EZZY, Douglas (2002): *Qualitative Analysis. Practice and Innovation.* London: Routledge.

FISCHER, Klaus (1983): Rationale Heuristik. In: *Zeitschrift für allgemeine Wissenschaftstheorie*, 14, S. 234-272.

FLECK, Christian (1992): Vom „Neuanfang" zur Disziplin? Überlegungen zur deutschsprachigen qualitativen Sozialforschung anläßlich einiger neuer Lehrbücher. In: *Kölner Zeitschrift für Soziologie und Sozialpsychologie*, Jg. 44, Heft 4, S. 747-765.

FLICK, Uwe (2007): *Qualitative Sozialforschung. Eine Einführung.* Reinbek bei Hamburg: rowohlt.

FLICK, Uwe; KARDORFF, Ernst von; STEINKE, Ines (2008): *Qualitative Forschung. Ein Handbuch* (6. Auflage). Reinbek bei Hamburg: rowohlt.

FRETER, Hans-Jürgen; HOLLSTEIN, Betina; WERLE, Markus (1991): Integration qualitativer und quantitativer Verfahrensweisen. Methologie und Forschungspraxis. In: *ZUMA-Nachrichten,* Heft 29, S. 98-114.

FRIEDRICHS, Jürgen (1990): *Methoden empirischer Sozialforschung.* 14. Aufl., Opladen: Westdeutscher Verlag.

GEERTZ, Clifford (1983): *Dichte Beschreibung. Beiträge zum Verstehen kultureller Systeme.* Frankfurt/Main: Suhrkamp.

GEISSLER, Birgit; OECHSLE, Mechthild (1996): *Lebensplanung junger Frauen. Zur widersprüchlichen Modernisierung weiblicher Lebensverläufe.* Weinheim: Deutscher Studienverlag.

GERHARDT, Uta (1984): Typenkonstruktion bei Patientenkarrieren. In: KOHLI, Martin; ROBERT, Günter (Hg.): *Biographie und soziale Wirklichkeit.* Stuttgart: Metzlersche Verlagsbuchhandlung, S. 53-77.

GERHARDT, Uta (1986): *Patientenkarrieren. Eine medizinsoziologische Studie.* Frankfurt/Main: Suhrkamp.

GERHARDT, Uta (1991a): Typenbildung. In: FLICK, Uwe; u.a. (Hg.): *Handbuch Qualitative Sozialforschung. Grundlagen, Konzepte, Methoden und Anwendungen.* München: Psychologie Verlags Union, S. 435-439.

GERHARDT, Uta (1991b): *Gesellschaft und Gesundheit. Begründung der Medizinsoziologie.* Frankfurt/Main: Suhrkamp.

GERHARDT, Uta (1999): *Herz und Handlungsrationalität. Biographische Verläufe nach koronarer Bypass-Operation zwischen Beruf und Berentung.* Frankfurt/Main: Suhrkamp.

GERHARDT, Uta (2001): *Idealtypus. Zur methodischen Begründung der modernen Soziologie.* Frankfurt/Main: Suhrkamp.

GIRTLER, Roland (1980): *Vagabunden in der Großstadt. Teilnehmende Beobachtung in der Lebenswelt der „Sandler Wiens".* Stuttgart: Enke.

GLASER, Barney (1978): *Theoretical Sensitivity. Advances in the Methodology of Grounded Theory.* Mill Valley: Sociology Press.

GLASER, Barney (1992): *Emergence vs. Forcing: Basics of Grounded Theory Analysis.* Mill Valley, CA: Sociology Press.

GLASER, Barney; STRAUSS, Anselm (1967/1998): *Grounded Theory. Strategien qualitativer Forschung*. Bern; Göttingen; Toronto; Seattle: Huber (erstmals 1967 erschienen unter dem Titel „The Discovery of Grounded Theory: Strategies for Qualitative Research", New York: Aldine de Gruyter)

GLASER, Barney; STRAUSS, Anselm (1968): *Time for Dying*. Chicago: Aldine (dt. 1974 erschienen unter dem Titel „Interaktion mit Sterbenden", Göttingen: Vandenhoeck & Ruprecht.

GLASER, Barney; STRAUSS, Anselm (1974): *Interaktion mit Sterbenden*. Göttingen: Vandenhoeck & Ruprecht (erstmals 1968 erschienen unter dem Titel „Time for Dying" (Chicago: Aldine).

HÄDER, Michael (2006): *Empirische Sozialforschung. Eine Einführung*. Wiesbaden: VS.

HANSON, Norwood Russell (1965): *Patterns of Discovery. An Inquiry Into the Conceptual Foundations of Science*. Cambridge: Cambridge University Press.

HEINZ, Walter R. u.a. (1991) Arbeits- und Ergebnisbericht des Teilprojekts A1. In: SONDERFORSCHUNGSBEREICH (SFB) 186 (1991): *Statuspassagen und Risikolagen im Lebensverlauf: Institutionelle Steuerung und individuelle Handlungsstrategien. Arbeits- und Ergebnisbericht Juli 1988 - Februar 1991*. Bremen, S. 11-50.

HEMPEL, Carl Gustav; OPPENHEIM, Paul (1936: Der Typusbegriff im Lichte der neuen Logik. Leiden: A.W.Sijt Hoff's Uitgeversmaatschappij N.V.

HILL, Paul B.; KOPP, Johannes (2006): *Familiensoziologie. Grundlagen und theoretische Perspektiven (Studienskripten zur Soziologie)* (4. überarbeitete Auflage), Wiesbaden: VS.

HINTIKKA, Jaako; VANDAMME, Fernand (Hg.) (1985): *Logic of Discovery and Logic of Discourse*. New York, London: Plenum Press.

HOCHSCHILD, Arlie Russell (2003): *The mananaged heart: Commercialization of Human Feeling*. Berkeley, Ca.: University of California Press.

HOLTON, Judith A. (2007): The Coding process and its challenges. In: BRYANT, Anthony; CHARMAZ, Kathy (Hg.): *The Sage Handbook of Grounded Theory*. London: Sage. S. 265-290.

HOPF, Christel (1978): Die Pseudo-Exploration. Überlegungen zur Technik qualitativer Interviews in der Sozialforschung. In: *Zeitschrift für Soziologie*, Jg. 7, Heft 2, S. 97-115.

JAHODA, Maria; LAZARSFELD. Paul F.; ZEISEL, Hans (1933/1982) Die Arbeitslosen von Marienthal. Frankfurt/Main: Suhrkamp.

KELLE, Udo (1995) (Hg.): *Computer-Aided Qualitative Data Analysis. Theory, Methods, and Practice*. Unter Mitarbeit von Gerald PREIN und Katherine BIRD, London; Thousand Oaks; New Delhi: Sage

KELLE, Udo (1997): *Empirisch begründete Theoriebildung. Zur Logik und Methodologie interpretativer Sozialforschung*. 2. Aufl., Weinheim: Deutscher Studien Verlag.

KELLE, UDO (2003): Abduktion und Interpretation - die Bedeutung einer "Logik der Entdeckung" für die hermeneutische Sozialforschung In: ZIEBERTZ, Hans-Georg; HEIL, Stefan; PROKOPF, Andreas (Hg.), *Abduktion in Handlungswissenschaften. Religionspädagogisch-empirische Theoriebildung im interdisziplinären Dialog*. Münster, S. 111-126.

KELLE, Udo (2004): Computer Assisted Qualitative Data Analysis. In: SILVERMAN, David; GOBO, Giampetro; SEALE, Clive, GUBRIUM, Jaber F. (Hg.): *Qualitative Research Practice*, Kapitel 18. London: Sage. S. 473-489.

KELLE, UDO (2005): "Emergence" vs. "Forcing" of Empirical Data? A Crucial Problem of "Grounded Theory" Reconsidered. In: *Forum Qualitative Sozialforschung,* Volume 6 (2), [http://www.qualitative-research.net/fqs-texte/2-05/05-2-27-e.htm].

KELLE, UDO (2007): The Development of Categories – Different Approaches in Grounded Theory. In: BRYANT, Anthony; CHARMAZ, Kathy (Hg.): *The Sage Handbook of Grounded Theory.* London: Sage. S. 191 – 213.

KELLE Udo (2008a): Die Integration qualitativer und quantitativer Methoden in der empirischen Sozialforschung. Theoretische Grundlagen und methodologische Konzepte. Wiesbaden: VS.

KELLE, Udo (2008b): Computerunterstützte Analyse qualitativer Daten. In: FLICK, Uwe; KARDORFF, Ernst v.; STEINKE, Ines (Hg.): *Qualitative Sozialforschung.* Hamburg: Rowohlt.

KELLE, Udo; LÜDEMANN, Christian (1995): „Grau, teurer Freund, ist alle Theorie..." Rational Choice und das Problem der Brückenannahmen. In: *Kölner Zeitschrift für Soziologie und Sozialpsychologie,* 47 (2), S. 249-267.

KELLE, Udo; LÜDEMANN, Christian (1996): Theoriereiche Brückenannahmen? In: *Kölner Zeitschrift für Soziologie und Sozialpsychologie,* 48, (3), S. 542-546.

KELLE, UDO; MARX, JANINE; PENGEL, SANDRA; UHLHORN, KAI; WITT, INGMAR (2003): Die Rolle theoretischer Heuristiken im qualitativen Forschungsprozeß – ein Werkstattbericht. In: OTTO, Hans-Uwe; OELERICH, Gertrud; MICHEEL, Heinz-Günter (Hg.): *Empirische Forschung und Soziale Arbeit. Ein Lehr- und Arbeitsbuch.* Neuwied und Kriftel: Luchterhand, S. 112-130.

KIRSCHENMANN, Peter P.(1991): Logic and Normative Rationality of Science: The Content of Discovery rehabilitated. In: *Zeitschrift für allgemeine Wissenschaftstheorie,* 22, S. 61-72.

KLUGE, Susann (1999): *Empirisch begründete Typenbildung. Zur Konstruktion von Typen und Typologien in der qualitativen Sozialforschung.* Opladen: Leske und Budrich.

KROMREY, Helmut (2009): *Empirische Sozialforschung. Modelle und Methoden der Datenerhebung und Datenauswertung.* Unter Mitarbeit von Jörg Strübing, 12. überarbeitete Aufl. Stuttgart: Lucius & Lucius.

KUCKARTZ, Udo (1988): *Computer und verbale Daten. Chancen zur Innovation sozialwissenschaftlicher Forschungstechniken.* Frankfurt/Main; Bern; New York; Paris: Perte Lang (Europäische Hochschulschriften: Reihe 22, Soziologie, Bd. 173).

KUCKARTZ, Udo (1990): Computerunterstützte Suche nach Typologien in qualitativen Interviews. In: FAULBAUM, Frank; HAUX, Reinhold; JÖCKEL, Karl-Heinz (Hg.): *Fortschritte der Statistik-Software 2. SOFTSTAT '89. 5. Konferenz über die wissenschaftliche Anwendung von Statistik-Software.* Heidelberg 1989. Stuttgart; New York: Gustav Fischer, S. 495-502.

KUCKARTZ, Udo (1995a): Case-Orientied Quantification. In: KELLE, Udo (Hg.): *Computer-Aided Qualitative Data Analysis. Theory, Methods, and Practice.* London; Thousand Oaks; New Delhi: Sage, S. 158-166.

117

KUCKARTZ, Udo (2007): *Einführung in die computergestützte Analyse qualitativer Daten* (2. aktualisierte und erweiterte Auflage). Wiesbaden: VS.

LAKATOS, Imre (1982): *Die Methodologie der wissenschaftlichen Forschungsprogramme*. Philosophische Schriften, Bd.1, Wiesbaden: Vieweg.

LAMNEK, Siegfried (2005): *Qualitative Sozialforschung*. 4. vollständig überarb. Aufl. Weinheim: PVU.

LAUDAN, Larry (1977): *Progress and its Problems. Towards a Theory of Scientific Growth*. London and Henley: Routledge & Kegan Paul.

LAZARSFELD, Paul F. (1937): Some Remarks on the Typological Procedures in Social Research. In: *Zeitschrift für Sozialforschung*, Jahrgang VI, S. 119-139.

LAZARSFELD, Paul F.; BARTON, Allen H. (1951): Qualitative Measurement in the Social Sciences. Classification, Typologies, and Indices. In: LERNER, Daniel; LASSWELL, Harold D. (Hg.): *The Policy Sciences*. Stanford University Press, S. 155-192.

LEWINS, Ann; SILVER, Christina (2007): *Using Software in Qualitative Research: A Step-By-Step Guide*. London: Sage.

LINDENBERG, Siegwart (1981): Erklärung als Modellbau. Zur soziologischen Nutzung von Nutzentheorien. in: SCHULTE, Werner (Hg.): *Soziologie in der Gesellschaft*. Bremen: Universität Bremen, S. 20-35.

LINDESMITH, Alfred R. (1947/1968): *Addiction and Opiates*. Chicago: Aldine.

LOFLAND, John; LOFLAND, Lyn H. (1984): *Analyzing Social Settings: A Guide to Qualitative Observation and Analysis*. Belmont, CA: Wadsworth Publishing Company.

LUDWIG, Monika (1996): *Armutskarrieren. Zwischen Abstieg und Aufstieg im Sozialstaat*. Opladen: Westdeutscher Verlag.

MAYRING, Philipp (1990): *Qualitative Inhaltsanalyse. Grundlagen und Techniken* (2. durchgesehene Auflage). Weinheim: Deutscher Studien Verlag.

MAYRING, Philipp (1996): *Einführung in die qualitative Sozialforschung. Eine Anleitung zu qualitativem Denken* (3. überarbeitete Auflage). Weinheim: Beltz, Psychologie Verlags Union.

MARIAK, Volker; KLUGE, Susann (1999): *Zur Konstruktion des ordentlichen Menschen. Normierungen in Ausbildung und Beruf*. Frankfurt/Main: Verlag der Gesellschaft zur Förderung arbeitsorientierter Forschung und Bildung e.V.

MENGER, Carl (1883): *Untersuchungen über die Methode der Socialwissenschaften, und der Oekonomie insbesondere*. Leipzig: Duncker & Humblot.

MERKENS, HANS (2008): Auswahlverfahren, Sampling, Fallkonstruktion. In: FLICK, Uwe; KARDORFF, Ernst von; STEINKE, Ines (Hg.): *Qualitative Forschung. Ein Handbuch*. Reinbek: Rowohlt, S. 286 – 299.

MILES, Matthew; HUBERMAN, A. Michael (1994): *Qualitative Data Analysis. An expanded sourcebook* (2nd edition). Thousand Oaks: Sage.

MITTELSTRAß, Jürgen (1995): *Enzyklopädie Philosophie und Wissenschaftstheorie, Band 2*. Stuttgart, Weimar: J.B. Metzler.

NERSESSIAN, Nancy J. (1984): Aether/Or: The Creation of Scientific Concepts. In: *Studies in the History and Philosophy of Science*, 15, S. 175-212.

NERSESSIAN, Nancy J. (1989): Scientific Discovery and Commensurability of Meaning. In: GAVROGLU, K.; GOUDAROLIS , Y; NICOLACOPOULOS, P. (Hg.): *Imre Lakatos and Theories of Scientific Change*. Kluwer Academic Publishers: Dordrecht, Boston, London, 1986, S. 323-334.

NENTWIG-GESEMANN, Iris (2007): Die Typenbildung der dokumentarischen Methode. In: In: BOHNSACK, Ralf; NENTWIG-GESEMANN, Iris; NOHL, Arndt (Hg.): *Die dokumentarische Methode und ihre Forschungspraxis*. Wiesbaden, VS. S. 277-302.

NICKLES, Thomas (1985): Beyond Divorce: Current Status of the Discovery Debate. In: *Philosophy of Science*, 52, S. 177-206.

NICKLES, Thomas (1990): Discovery Logics. In: *Philosophica*, 45, S. 732.

NICKLES, Thomas (Hg.) (1980): *Scientific Discovery, Logic and Rationality* (Boston Studies in the Philosophy of Science, Vol. LVI). Reidel: Dordrecht.

OECHSLE, Mechtild; KNAUF, Helen; MASCHETZKE, Christiane; ROSOWSKI, Elke (2008): Abitur und was dann? Berufsorientierung junger Frauen und Männer und der Einfluss von Schule und Eltern. Wiesbaden: VS Verlag.

OEVERMANN, Ulrich; ALLERT, Tilmann; KONAU, Elisabeth; KRAMBECK, Jürgen (1979): Die Methodologie einer „objektiven Hermeneutik" und ihre allgemeine forschungslogische Bedeutung in den Sozialwissenschaften. In: SOEFFNER, Hans-Georg (Hg.): *Interpretative Verfahren in den Sozial- und Textwissenschaften*. Stuttgart: Metzler, S. 352-434.

OPP, Karl-Dieter (1989): Ökonomie und Soziologie. Die gemeinsamen Grundlagen beider Fachdisziplinen. In: SCHÄFER, Hans-Bernd; WEHRT, Klaus (Hg.): *Die Ökonomisierung der Sozialwissenschaften. Sechs Wortmeldungen*. Frankfurt/Main u.a.: Campus, S. 103-127

OPP, Karl-Dieter (2005): *Methodologie der Sozialwissenschaften. Einführung in Probleme ihrer Theoriebildung und praktischen Anwendung* (6. Auflage). Wiesbaden: VS.

OSTNER, Ilona; KUPKA, Peter; RAABE, Cerstin (1995): „Wege in die Ehe. Bilanzierungen bei Spätheiratenden". In: NAUCK, Bernhard; ONNEN-ISEMANN, Corinna (Hg.): *Familie im Brennpunkt von Wissenschaft und Forschung*. Neuwied: Luchterhand, S. 419-436.

PEIRCE, Charles S. (1974 – 1979): *Collected Papers*. Herausgegeben von Charles HARTSHORE, Paul WEISS und Arthur BURKS. Cambridge (Mass.): The Belknap Press of Harvard University Press.

PEIRCE, Charles S. (1991): *Schriften zum Pragmatismus und Pragmatizismus*. Herausgegeben von Karl-Otto APEL, Frankfurt/Main: Suhrkamp.

REICHENBACH, Hans (1983): *Erfahrung und Prognose* (Gesammelte Werke, Bd. 4) Hrsg. von Andreas KAMLAH und Maria REICHENBACH. Braunschweig: Vieweg (erstmals erschienen 1938 unter dem Titel: *Experience and Prediction*).

REICHERTZ, Jo (1991): *Aufklärungsarbeit. Kriminalpolizisten und teilnehmende Beobachter bei der Arbeit*. Stuttgart: Enke.

REICHERTZ, Jo (2003): *Die Abduktion in der qualitativen Sozialforschung*. Opladen: Leske und Budrich.

ROTH, Erwin (1999) (Hg.): *Sozialwissenschaftliche Methoden. Lehr- und Handbuch für Forschung und Praxis*. 5. Auflage, München; Wien: Oldenbourg.

SCHATZMAN, Leonard; STRAUSS, Anselm (1973): *Field Research. Strategies for a Natural Sociology.* Englewood Cliffs: Prentice Hall.

SCHNELL, Rainer; HILL, Paul B.; ESSER, Elke (2005): *Methoden der empirischen Sozialforschung.* 7. völlig überarbeitete und erweiterte Auflage, München; Wien: Oldenbourg.

SCHÜTZ, Alfred (1974): *Der sinnhafte Aufbau der sozialen Welt.* Frankfurt/M.: Suhrkamp.

SEIDEL, John; KELLE, Udo (1995): Different Functions of Coding in the Analysis of Textual Data. In: KELLE, Udo (Hg): *Computer-aided Qualitative Data Analysis - Theory, Methods, and Practice.* London; Thousand Oaks; New Delhi: Sage, S. 52-61.

SODEUR, Wolfgang (1974): *Empirische Verfahren zur Klassifikation.* Stuttgart: Teubner.

STEGMÜLLER, Wolfgang (1975): *Das Problem der Induktion: Humes Herausforderung und moderne Antworten. Der sogenannte Zirkel des Verstehens.* Darmstadt: Wissenschaftliche Buchgesellschaft.

STRAUSS, Anselm L. (1991): *Grundlagen qualitativer Sozialforschung. Datenanalyse und Theoriebildung in der empirischen soziologischen Forschung.* München: Fink.

STRAUSS, Anselm L.; CORBIN, Juliet (1990): *Basics of Qualitative Research. Grounded Theory Procedures and Techniques.* Newbury Park; London; New Delhi: Sage.

STRAUSS, Anselm L.; CORBIN, Juliet (1990/1996): *Grounded Theory. Grundlagen Qualitativer Sozialforschung.* Weinheim: Beltz, Psychologie Verlags Union (dt. Übersetzung von STRAUSS, CORBIN 1990),

STRÜBING, Jörg (2003): Grounded Theory. Zur sozialtheoretischen und epistemologischen Fundierung des Verfahrens der empirisch begründeten Theoriebildung. Wiesbaden: VS.

TAYLOR, Steven J.; BOGDAN, Robert (1984): *Introduction to Qualitative Research Methods: The Search for Meanings.* New York: Wiley and Sons,

WEBER, Max (1921/1972): *Wirtschaft und Gesellschaft. Grundriß der verstehenden Soziologie.* 5. revidierte Aufl., besorgt von Johannes WINCKELMANN, Tübingen: Mohr.

WEBER, Max (1904/1988): Die „Objektivität" sozialwissenschaftlicher und sozialpolitischer Erkenntnis. In: ders.: *Gesammelte Aufsätze zur Wissenschaftslehre.* Hrsg. von Johannes WINCKELMANN, 7. Aufl., Tübingen: Mohr, S. 146-214 (zuerst erschienen 1904 in: Archiv für Sozialwissenschaft und Sozialpolitik, Bd. 19, S. 22-87)

WILSON, Thomas P. (1981): Theorien der Interaktion und Modelle soziologischer Erklärung. In: ARBEITSGRUPPE BIELEFELDER SOZIOLOGEN (Hg.): *Alltagswissen, Interaktion und gesellschaftliche Wirklichkeit* (5. Auflage). Opladen: Westdeutscher Verlag, S. 54-79.

WITZEL, ANDREAS (1996): Auswertung problemzentrierter Interviews: Grundlagen und Erfahrungen. In: STROBL, Rainer; BÖTTGER, Andreas (Hg.) Wahre Geschichten. Zu Theorie und Praxis qualitativer Interviews. Baden-Baden: Nomos S. 49 – 76.